ALÉM DAS PALAVRAS

Impresso no Brasil, outubro de 2014

Título original: *Deeper than Words. Living the Apostles' Creed*
Copyright © 2014 Brother David Steindl-Rast
Todos os direitos reservados.

Os direitos desta edição pertencem a
É Realizações Editora, Livraria e Distribuidora Ltda.
Caixa Postal: 45321 · 04010 970 · São Paulo SP
Telefax: (5511) 5572 5363
e@erealizacoes.com.br · www.erealizacoes.com.br

Editor
Edson Manoel de Oliveira Filho

Gerente editorial
Sonnini Ruiz

Produção editorial
Liliana Cruz

Preparação de texto
Vero Verbo Serviços Editoriais

Revisão
Cecília Madarás

Capa
André Cavalcante Gimenez / Estúdio É

Projeto gráfico e diagramação
Mauricio Nisi Gonçalves / Estúdio É

Imagem da capa
Cláudio Pastro

Pré-impressão e impressão
Edições Loyola

Reservados todos os direitos desta obra. Proibida toda e qualquer reprodução desta edição por qualquer meio ou forma, seja ela eletrônica ou mecânica, fotocópia, gravação ou qualquer outro meio de reprodução, sem permissão expressa do editor.

ALÉM DAS PALAVRAS

Vivendo o Credo Apostólico

IRMÃO DAVID STEINDL-RAST

Prefácio de Sua Santidade o Dalai Lama

Tradução de Margarita Maria Garcia Lamelo

É Realizações
Editora

Dedico este livro a vocês,
minhas irmãs e meus irmãos,
que costumavam recitar o Credo,
mas não podem mais fazê-lo com honestidade e convicção.
Que ele possa ajudá-los a encontrar um novo significado nas palavras
e – além das palavras que dividem –
a fé que une todos os seres humanos.

Com profunda gratidão,
reconheço a ajuda de inúmeras pessoas gentis
(muitas mesmo para enumerá-las pelo nome) que me
permitiram conceber, escrever e produzir este
livro e colocá-lo em suas mãos, leitor
– e para você, leitor, para o seu interesse.

SUMÁRIO

Prefácio de Sua Santidade o Dalai Lama | 9
Introdução | 11

Creio | 17
Creio em Deus | 23
Pai | 31
Todo-poderoso | 39
Criador do Céu e da Terra | 45
E em Jesus Cristo | 51
Seu único Filho | 61
Nosso Senhor | 67
Concebido pelo poder do Espírito Santo | 73
Nasceu da Virgem Maria | 81
Padeceu sob Pôncio Pilatos | 89
Foi crucificado | 97
Morto e sepultado | 109
Desceu à mansão dos mortos | 113
Ressuscitou ao terceiro dia | 119
Subiu aos Céus | 131
Está sentado à direita de Deus Pai Todo-poderoso | 139
De onde há de vir a julgar os vivos e os mortos | 145
Creio no Espírito Santo | 153
Na santa Igreja Católica | 159
Na comunhão dos Santos | 167
Na remissão dos pecados | 173
Na ressurreição da carne | 181
Na vida eterna | 191
Amém | 195

PREFÁCIO DE SUA SANTIDADE O DALAI LAMA

Onde quer que vivamos e seja qual for a nossa fé ou nenhuma, temos o desejo de viver a vida plenamente, para sermos melhores e aprimorarmos as vidas daqueles que amamos. E, independentemente do lugar em que surgiram, todas as tradições religiosas mais importantes são iguais na sua capacidade de ajudar os seres humanos a viver em paz uns com os outros, consigo mesmos e com seu meio natural.

Tive de fato consciência pela primeira vez de que a discussão entre praticantes sinceros do cristianismo e do budismo poderia ser enriquecedora, e um alimento espiritual para ambos, quando Thomas Merton veio me ver muitos anos atrás. A coragem que demonstrou ao explorar tradições de fé, além da sua própria, para poder, por assim dizer, experimentar o verdadeiro sabor dos ensinamentos que as outras tradições representam abriu os meus olhos. Foi uma verdadeira fonte de inspiração. Desde então tenho a sorte de ser amigo de outras pessoas cuja feliz experiência da fé em suas próprias vidas espirituais lhes permitiu que apreciassem o valor de outras tradições, em vez de apreciar somente o valor exclusivo da sua. Tenho o privilégio não somente de falar com esses homens e essas mulheres cheios de vigor, mas também de compartilhar suas orações e suas práticas. Uma pessoa que se destaca entre eles é o Irmão David Steindl-Rast, conhecido por muitos simplesmente como Irmão David, um monge beneditino experiente e veterano do diálogo inter-religioso ativo.

Portanto, é com grande prazer que vejo o lançamento desta nova obra do Irmão David, um livro a respeito do qual ele e eu falamos muito. Nesta obra, ele explora como a crença cristã na Criação e a compreensão do budismo da Originação Interdependente são dois indicadores diferentes relativos à mesma experiência. Ele demonstra como alguém pode permanecer perfeitamente fiel ao comprometimento monástico cristão e ocidental e ao mesmo tempo ser enriquecido, digamos, pela compreensão e pela experiência budista. É claro que o mesmo se aplica ao lado budista também. De fato, a essência do diálogo inter-religioso autêntico deve se basear nessa convicção.

O tipo de coragem que mencionei anteriormente está mais uma vez presente na escolha do Irmão David do texto do Credo Apostólico, uma expressão fundamental da fé cristã. Ele o aborda perguntando, ponto por ponto, o que significa, como sabemos e por que é importante. A sinceridade aberta de suas respostas a essas questões, penetrando na sua própria vida e na sua experiência contemporânea, é o que dá qualidade e poder às suas palavras. O Irmão David dá muito valor à maravilhosa ideia unificadora de gratidão. Gratidão pela bondade do Criador e da criação evoca claramente a gratidão pela bondade do Buda e de todos os seres sencientes. Promover gratidão em nossos corações é promover uma mente positiva. E uma mente positiva é algo que finalmente nos traz benefício ou felicidade. Estou certo de que muitos leitores compartilharão comigo o sentimento de gratidão ao Irmão David por sua bondade de escrever este livro.

Fevereiro de 2010

INTRODUÇÃO

"DEUS NÃO É OUTRA PESSOA"

Imaginem um mosteiro erguido no alto de um penhasco com vista para o rio Danúbio na Áustria. Os monges beneditinos trabalharam e oraram nesse lugar durante novecentos anos ininterruptos. Sua Santidade o Dalai Lama passou três dias aqui, juntando-se a nós, beneditinos, simplesmente como um monge entre outros monges. Orou conosco na capela nas horas de oração e comeu conosco no refeitório do mosteiro. Foi durante uma dessas refeições que ele se virou para mim e disse de forma abrupta: "Temos tanto em comum, você e eu, mas uma coisa nos separa: a ideia de um Criador divino". Senti uma espécie de desafio, embora não de fato, no sentido de um confronto desafiador. A voz do Dalai Lama expressou uma verdadeira tristeza em relação a um desacordo percebido, uma dor que provocou a minha compaixão. Quatro décadas de participação dos diálogos budistas/cristãos haviam me preparado para tudo o que se tornava o foco da conversa naquele momento. Tratava-se de um desafio, tinha que reagir a ele, e reagi.

Não me perguntem como. Bombeiros tomam decisões instantâneas num momento crucial, salvam uma vida e depois são incapazes de dizer como o fizeram. Numa espécie de breve discurso improvisado, tive que fazer duas coisas ao mesmo tempo: permanecer fiel à minha crença na Criação Divina da tradição cristã e mostrar que era compatível com a crença budista da Originação Interdependente. Tudo era uma questão de criar uma ponte que eliminasse a distância entre Criador e criação, uma distância meramente especulativa e não baseada na experiência. Afinal, o falecido Thomas Merton, monge trapista e amigo tanto do Dalai Lama quanto meu, foi capaz de cristalizar a visão essencial numa frase de cinco palavras: "Deus não é outra pessoa". Para o místico, não há distância entre o Criador e a criação. Todo o universo é uma expressão da vida divina. A rede cósmica de causa e efeito mutuamente interdependente na qual todas as coisas têm sua origem é o que o poeta Kabir vê como "o Secreto se tornando lentamente um corpo".

Portanto, a crença na Criação e a crença na Originação Interdependente são duas expressões diferentes de uma única e mesma fé fundamental – dois indicadores diferentes em relação à mesma experiência. A fé como experiência se encontra num nível mais profundo do que palavras e conceitos. É um gesto interno através do qual nos confiamos total e incondicionalmente à vida – a vida percebida como nossa, embora como um poder maior do que nós.

O Dalai Lama sorriu de maneira radiante: "Você deve escrever a respeito disso", encorajando-me. "Com prazer," respondi, "se Sua Santidade escrever o prefácio"; e ele concordou. Nesse momento, fui eu que sorri.

No diálogo inter-religioso, a nossa tendência é citar a partir das nossas tradições respectivas as passagens que os outros podem aceitar mais facilmente. Mas, aos poucos, isso começou a se mostrar para mim um pouco superficial. Senti que para concordar de forma sincera teríamos que nos aprofundar; teríamos que testar se mesmo os textos menos prováveis – digamos, um credo – ajudariam a aprofundar uma compreensão inter-religiosa. Guerras foram travadas mesmo entre correligionários sobre esses resumos sucintos de crenças essenciais. Um credo seria, portanto, a pedra de toque perfeita para a possibilidade de acordo inter-religioso naquele nível profundo que nos interessa. Essa é a razão pela qual escolhi o Credo Apostólico – o mais antigo dos credos cristãos – e foi assim que este livro surgiu.

O Credo expressa a fé humana básica em termos cristãos, da mesma forma que as crenças budistas são uma expressão dessa mesma fé humana básica comum a todos. A fé – a verdade corajosa no mistério da vida – nos torna humanos; e cada cultura, cada período da história, dá a essa fé novas expressões em crenças que são determinadas por circunstâncias históricas e culturais. As crenças dividem, mas a fé da qual provêm é uma só e une. A tarefa do diálogo inter-religioso é tornar as nossas crenças divergentes transparentes para a mesma fé que dividimos.

Neste livro, tentei aplicar esse princípio no Credo Apostólico, um resumo das crenças através das quais os cristãos professam a sua fé no batismo. A partir de cada uma de suas afirmações, usei uma ferramenta constituída de três partes em cada uma delas, fazendo três perguntas decisivas. Ao perguntar "O que isso de fato significa?", tento abrir a dura concha das noções preconcebidas que tende a se formar em relação a expressões estabelecidas que ouvimos ou usamos com frequência. Quando essa concha se abre e você sabe o que quer dizer, pergunto "Como você sabe?" – como você sabe que essa afirmação é verdadeira? Essa pergunta não nos permite mais fazer malabarismos com conceitos, mas nos força a uni-los à experiência – a experiência do leitor –, visto que é a base para um verdadeiro conhecimento. Por fim, eu pergunto "Por que isso é tão importante?", suficientemente importante para fazer parte de um documento tão sucinto quanto o Credo, importante, portanto, para aqueles que recitam o Credo. (É possível perceber que essas três perguntas ficam cada vez mais pessoais. A fé, junto com as crenças que expressam essa fé, é uma questão muito mais pessoal, ou não se trata absolutamente de fé.) As minhas perguntas

"O quê? Como? Por quê?" (às quais adiciono breves reflexões pessoais) dão a este livro o seu formato.

Profunda paz interna, um sentimento de fazer parte e uma ancoragem firme no eterno Agora do momento presente, estes são alguns dos frutos que homens que lutam através dos séculos colheram da fé expressa no Credo. Falo como um cristão que rezou o Credo por quase oitenta anos e posso garantir que esses frutos espirituais ainda estão disponíveis hoje tão frescos quanto sempre. Quer se tenha ou não as crenças específicas expressas no Credo, qualquer um que usar a minha ferramenta constituída de três partes poderá reconhecê-las como expressões válidas da fé que nos une como humanos. Tentei promover esse reconhecimento. Você, leitor, dirá se consegui.

O CREDO APOSTÓLICO

Creio em "Deus",
Pai Todo-poderoso,
Criador do Céu e da Terra,

e em "Jesus Cristo",
seu único Filho,
Nosso Senhor,

Que foi concebido pelo poder do "Espírito Santo";
nasceu da Virgem Maria;
padeceu sob Pôncio Pilatos,

foi crucificado,
morto
e sepultado;
desceu à mansão dos mortos.

Ressuscitou ao terceiro dia;
subiu aos Céus,
está sentado à direita de Deus Pai Todo-poderoso,
de onde há de vir a julgar os vivos e os mortos.

Creio no "Espírito Santo".

na santa Igreja Católica;
na comunhão dos Santos;
na remissão dos pecados;
na ressurreição da carne;
na vida eterna.

Amém.

CREIO

O que isso de fato significa?

A versão original do Credo começa com a palavra *credo*, da qual deriva a palavra *creed* em inglês. A palavra *credo* é traduzida em inglês por duas palavras *I believe* [(eu) CREIO]. Devemos analisar melhor a palavra em latim na próxima parte. Aqui vamos nos concentrar no significado do "eu" que fala no Credo. Quem é esse "eu"?

Só quando estão juntas na frase *eu creio,* essas duas palavras revelam todo o seu significado. Uma define a outra, por assim dizer. Quando o "eu" que fala aqui "crê", isso significa muito mais do que aceitar uma proposta não provada como provável; é antes uma expressão da confiança incondicional. É somente quando sabemos que isso é o que acreditar significa, que entendemos que "eu" está falando aqui; e somente esse "eu", por sua vez, pode acreditar, no pleno sentido de acreditar. Somente um "eu" suficientemente corajoso pela certeza radical da confiança incondicional pode ser o nosso verdadeiro Eu. O nosso pequeno ego – ao qual nos referimos quando dizemos "eu" – é incapaz da confiança corajosa da fé. Por quê? Porque o oposto da fé como confiança não é dúvida, mas temor, e o nosso ego cresce com o medo. O ego deve a sua própria existência à ilusão de ser separado do todo – esse pequeno eu contra o resto do mundo. Não é de espantar que se sinta isolado, inseguro e ameaçado. O nosso verdadeiro Eu está integrado e a salvo na totalidade do ser. O que poderia temer? Ele confia.

Ao dizer (eu) CREIO, dando às duas palavras da frase todo o seu peso, acabamos com a farsa do ego e entramos numa nova realidade. Damos expressão ao que significa ser completamente humano. Vou expressar isso com uma imagem de certa forma estranha. O pequeno X entra numa igreja pequena – tudo perfeitamente inofensivo e calmo. Mas chega a hora de recitar o Credo, e o pequeno X diz "(eu) Creio". Subitamente – os olhos voltados para uma realidade mais profunda – o teto e o campanário da igreja voam, as paredes desmoronam, o tempo e o espaço ficam suspensos. Tudo o que resta é esse Eu humano que compreende tudo no Agora eterno.

O Credo fala na língua da religião cristã, mas também na voz de uma espiritualidade que é mais profunda do que qualquer tradição em particular. O eu que diz "(eu) CREIO" é o nosso verdadeiro Eu, o Eu autêntico que todos os humanos têm em comum.

Como sabemos que é assim?

"Conhece-te a ti mesmo!" é a inscrição na entrada do templo de Apolo em Delfos, lugar do famoso oráculo. Mas os gregos antigos não eram os únicos nesse conselho da chave para a sabedoria. Qualquer ser humano que atinge certo grau de consciência confronta-se com o desafio do autoconhecimento. E assim que começamos a jornada da autoexploração, descobrimos a distinção entre o eu que observamos e um Eu maior que faz a observação. Não precisamos dar mais detalhes aqui sobre as implicações. Conselhos confiáveis para o autoconhecimento estão facilmente disponíveis hoje, digamos, nos livros de Eckhart Tolle ou através de *Big Mind Process*, de Genpo Roshi. No nosso contexto, só precisamos prestar atenção em dois fatos:

1. A auto-observação nos mostra como estamos profundamente enredados no que chamamos de ego. Não somos sequer capazes

de parar os nossos próprios pensamentos ou a avalanche de histórias através das quais o ego mantém a ilusão de ser uma entidade independente.

2. Quanto mais aprendermos a viver no agora, mais descobriremos o Eu. Uma prática tão simples quanto ficar alerta à oportunidade que cada momento nos oferece – oportunidade de respirar, desfrutar, aprender – nos fará sentir cada vez mais à vontade nesse Eu que faz parte do todo. Aí não temos medo e podemos não dar importância aos esforços do ego para se perpetuar.

As estátuas gregas em geral têm uma perna de sustentação e uma livre. Iniciantes do autoconhecimento colocam firmemente a sua perna de sustentação na consciência do ego. O objetivo do treinamento espiritual é mudar o nosso peso até o centro de gravidade se apoiar no verdadeiro Eu – a nossa natureza de Buda, como diriam os budistas; outras tradições usam outras expressões. São Paulo escreve: "Já não sou eu que vivo, mas é Cristo que vive em mim" (Gálatas 2,20).[1] Tente sentir dentro de você, no seu âmago, onde você é o Observador que não constitui os seus pensamentos, mas pode observá-los. Esse ir-para-dentro revela o seu Eu para você mesmo – o seu eu-Cristo. Quanto mais nos identificamos com essa realidade, mais nos tornamos singularmente nós mesmos e, ao mesmo tempo, uma parte do todo. Somente esse Eu pode "crer" no seu pleno sentido; somente o nosso verdadeiro Eu pode confiar incondicionalmente.

É por essa razão que o Credo, embora seja uma declaração da comunidade, não começa com a palavra *nós*, mas com *eu*. Esse Eu humano mais puro – Púrusha na mitologia hindu. I'itoi [o Homem no Labirinto] nos mitos de Tohono O'odham no Arizona, o Cristo

---

[1] Na edição original, todas as citações da Bíblia são traduções pessoais do Irmão David Steindl-Rast. Para a edição em português, utilizamos, na maior parte dos casos, a tradução da *Bíblia de Jerusalém*, São Paulo, Paulus, 2010. (N. T.)

Cósmico, para dar somente três nomes – fala em mim e através de mim, porque esse é quem de fato sou.

Por que isso é tão importante?

Se entendermos as duas primeiras palavras do Credo corretamente, saberemos o que "crer" significa e que "eu" está falando aqui. Isso mostra que o Credo não é o que a maioria das pessoas acha que é. Normalmente é visto como uma proclamação de crenças através da qual os cristãos se diferenciam de todos os outros. Entendido corretamente, contudo, é a expressão de uma fé compartilhada por todos aqueles que encontram e reconhecem o seu verdadeiro Eu – e não há outra fé. O que as pessoas chamam de fés diferentes são simplesmente sistemas de crenças diferentes, expressões diferentes de uma atitude universal da fé existencial. Longe de afirmar diferenças entre "nós" e "os outros", o Credo atenua essas distinções. Proclama, na linguagem e na imaginação da tradição cristã, uma fé que é comum a todos os seres humanos. Suas primeiras palavras se referem a esse Eu para o qual todas as tradições espirituais apontam.

Cada uma dessas tradições é, por assim dizer, uma porta diferente que dá no mesmo santuário. Quanto mais encontrarmos o caminho para esse lugar interno sagrado e nos tornarmos à vontade nele, mais poderemos entrar e sair livremente por essas diversas portas. Não seremos mais bloqueados pelo que nos parece estranho, tampouco nos apegaremos ao que é familiar. O bom senso nos diz como é vital essa compreensão num mundo ainda dilacerado por guerras de religião. Há ainda pessoas que aparentemente acham que é possível se tornar um cristão melhor em detrimento de ser totalmente humano – verdadeiramente humano. Aquele que coloca a ideologia cristã acima da questão relativa aos seres humanos poderia servir de exemplo de compreensão incorreta. Dessa maneira, o que poderia ser mais urgente do que perceber que a profissão de fé cristã faz de toda a humanidade a sua pedra angular?

Uma vez que é o humano fundamental que fala no Credo, aplicaremos essa visão ao texto como um todo e encontraremos o que cada uma de suas afirmações significa em termos universais. Na verdade, se você dissesse somente (eu) CREIO, e soubesse de fato o que quis dizer com isso, tudo o que o Credo explica seria resumido nessa única frase.

Reflexões pessoais

Nada é mais difícil do que acreditar – acreditar de verdade – no amor de outro ser humano. Nada é mais natural do que o amor, embora nada seja mais inacreditável. Que o seu amigo o ame *é natural*, mesmo que, por essa mesma razão, *dizer isso* seja afinal duvidoso. Mais é necessário. Mas o que é esse "mais"? É a confiança – a fé – que deve ser provida por aquele que recebe amor.

A minha primeira experiência de tudo isso começou como um jogo de infância, uma competição com o meu primo de fixar o olhar. Inventamos esse jogo (ou melhor, nós o reinventamos, como faz toda nova geração, estou convencido) enquanto estávamos lá deitados no cobertor xadrez vermelho e branco na grama, entediados e um pouco chateados por ainda ter que tirar a soneca da tarde, embora já nos sentíssemos crescidos. Começou como uma competição de quem conseguia olhar por mais tempo nos olhos do outro. Se desviasse o olhar, você perderia. Mas de repente virou mais do que um jogo. Isso talvez tenha começado vendo a nossa própria imagem pequena e escura refletida na pupila do outro. O que aconteceu depois disso não pode ser facilmente colocado em palavras. De certa maneira, caímos um nos olhos do outro. Como crianças num conto de fadas que caem num lago mágico, nós nos encontrávamos naquele momento numa terra encantada. Podíamos ser dois e ao mesmo tempo um só. Quando os nossos olhos começaram a lacrimejar, nós dois os fechamos ao mesmo tempo.

Mais tarde tentamos rir de tudo isso, mas no fundo sabíamos que tínhamos vislumbrado o verdadeiro mundo. Nesse nível de intensa consciência, tudo é amor. Ver é amor, respirar é amor, ser é amor – amor como uma pertença que não pode ser questionada nem duvidada. Décadas mais tarde li um verso de E. E. Cummings "I am through you so I" [Sou através de você profundamente eu] e lembrei. Olhando retrospectivamente, reconheço que o que compartilhei com o meu primo foi um encontro com Deus. Somente um grande poeta pode resumir de maneira tão sucinta a percepção – a convicção – que advém de um encontro desse tipo. "I am through you so I." Você deve estar presente para que o eu possa se encontrar. Confiança em você dá confiança em mim mesmo. No encontro entre o você e o eu, nasce a fé. Sou tão verdadeiramente eu porque tenho fé em você. Somente o Eu que se dá através da fé pode ter fé.

*

E você? Quando e como você encontrou esse paradoxo? Não procure na sua memória algum grande evento externo. Um momento de brincadeira na sua infância também pode ter-lhe oferecido esse *flash* de percepção nunca mais esquecido, em geral negligenciado, que certamente vale a pena recuperar.

CREIO EM DEUS

O que isso de fato significa?

Essa afirmação inicial contém, como numa semente, a totalidade do Credo. Significa que me dedico com plena confiança a um poder maior do que eu mesmo. Essa dedicação é um comprometimento de todo o meu ser – mente e corpo – do meu coração, o meu ser mais íntimo, o "centro mais profundo do meu coração", para usar uma expressão cunhada por William Butler Yeats.

Fé é muito mais do que a soma total das crenças. As crenças são meras indicadoras; a fé é a confiança profunda na realidade para a qual as crenças apontam. O Credo menciona crenças, mas é uma afirmação de fé, não de crenças. Há muitas crenças, mas no fim das contas uma só fé: fé em Deus. As crenças não passam de várias janelas para a única realidade à qual está ligada a fé: Deus.

No latim original, a frase de abertura do Credo (eu) CREIO é uma palavra, *credo*, da qual a palavra em inglês *creed* deriva. *Credo* é um composto de *cor* ("coração") e *do* ("dou") e significa literalmente "dou meu coração"; a palavra tem a mesma raiz linguística que *amor*. Hoje, porém, o significado mudou completamente. Através da crença, dá-se o consentimento intelectual; através da fé, dá-se o coração, em confiança total. E o ponto de referência dessa confiança é o que a palavra Deus significa sempre que é adequadamente usada.

Na sua proclamação inicial do Credo, a palavra Deus é usada simplesmente como um indicador. Mostra uma direção, a direção da verdade derradeira do coração humano. Aqui Deus ainda não é identificado como fonte e objetivo da *minha* vida, *meu* valor supremo; o seu significado ainda está esperando ser coberto de imagens como a famosa do poeta Gerard Manley Hopkins: "Ground of being, and granite of it: past all grasp, God". Nesse ponto no Credo, o termo DEUS refere-se simplesmente ao objetivo de um desejo crônico do coração humano de significado. A persistência desse sentimento, contudo, implica uma confiança profunda que o nosso desejo pode e será acalmado. A confiança é a fé mais básica.

Como sabemos que é assim?

A partir do momento que temos consciência de que somos seres humanos, nós nos damos conta (pouco importa o nível de imprecisão) do transcendente. Você sabe que tudo o que você experiencia se transforma numa história na sua cabeça? Isso começa na infância, assim que nos tornamos conscientes. Mesmo que você nunca conte a história a ninguém, o fato de ser uma história implica um ouvinte que se interessa por nossa história de vida. Apesar de raramente darmos ênfase a isso, essa consciência oferece um pano de fundo contrastante no qual projetamos todo o resto de que temos ciência. Dessa forma, sabemos implicitamente o que DEUS quer dizer antes de sabermos qualquer outra coisa: o Ouvinte para quem fazemos a história da nossa vida.

Mas muitas pessoas se tornaram alérgicas, por assim dizer, à palavra DEUS. Isso é compreensível. Frequentemente, a palavra que começa com D foi mal compreendida e mal utilizada. Numa tentativa de indicar a realidade experiencial sem apertar o botão linguístico errado, em geral uso sinônimos – "Realidade Derradeira", "Fundamento do Ser", "Fonte da Vida" e coisas do gênero. Todavia, quando queremos entender o Credo, a nossa tarefa não é substituir a palavra DEUS por uma diferente, trata-se antes de aprofundar a nossa compreensão do seu significado, especialmente o significado que ganha no contexto em que se professa a fé.

Abraham Maslow chama a atenção para o que denomina "experiências extremas", como determinantes para uma compreensão da fé religiosa. Nos nossos momentos extremos, experimentamos a comunhão existencial com uma realidade derradeira que transcende o nosso próprio eu limitado. Essa experiência é tão básica que não podemos duvidar muito dessa percepção. Não faz sentido perguntar "Isso é real?" porque o que encontramos é a realidade que estabelece o nosso padrão para tudo o que é real.

Um dos psiquiatras mais importantes da metade do século XX, Maslow incumbiu-se da tarefa de descobrir o que caracteriza as pessoas que são consideradas como modelos de saúde mental. Para sua grande surpresa, ele descobriu que as pessoas psicologicamente saudáveis, altamente criativas e flexíveis, que ele examinou, tinham uma coisa em comum: momentos místicos. Relataram experiências nas quais tiveram um sentimento de pertença ilimitada e experimentaram a bondade e a beleza de tudo o que existe – muito parecido com o relato dos grandes místicos de várias tradições espirituais. Maslow falou de "experiências extremas" porque os seus pares desaprovaram o termo "místico"; porém, mais no fim de sua vida, ele insistiu que não havia diferença entre os dois. Ele também descobriu que todo mundo parece ter essas experiências – até onde é possível generalizar. O que de fato distingue seres humanos genuinamente extraordinários de pessoas comuns é que eles deixam as suas vidas serem moldadas por suas experiências místicas. Por exemplo, comportam-se em relação aos outros como normalmente as pessoas se comportam em relação a alguém a quem pertencem; vivem agradecidos pela bondade e pela beleza que encontramos em todas as partes.

Você se lembra de momentos em que foi mais você mesmo exatamente porque tinha se perdido, digamos, olhando para o céu estrelado ou para um bebê dormindo. De repente, a fronteira abrupta que você interpõe para se separar dos outros se esvai. Nesses momentos extremos, podemos experimentar um pouco daquilo que os místicos chamam de comunhão com Deus, embora toda a ênfase seja colocada na pertença sem limite, não em qualquer noção daquilo *a que* pertencemos. Poderia parecer impossível ter esse profundo sentimento de pertença e não se comprometer incondicionalmente, pois realiza o nosso desejo mais profundo. No entanto, para a maioria das pessoas, a lembrança da experiência extrema se esvai. O que persiste é essencialmente um vago desejo de pertença. No início da nossa vida espiritual, DEUS é simplesmente uma direção para a qual o nosso desejo mais profundo aponta.

Por que isso é tão importante?

Nada é mais importante para nós, humanos, do que ver sentido na vida. Somos capazes de suportar grandes provas, dores, contanto que vejamos sentido nas dificuldades pelas quais passamos. Se, por outro lado, deixamos de ver sentido, mesmo os ambientes mais agradáveis e a companhia mais amável não nos tirarão do desespero.

Pergunte-se: o que dá sentido à vida? Qualquer resposta que você der ficará reduzida a alguma noção de pertença. Dessa maneira, a sua própria experiência prova-lhe que somente uma sensação de pertença dá sentido à vida do homem. Precisamos nos lembrar dessa percepção: sentido surge da pertença.

Uma segunda percepção essencial é: o nosso sentimento de pertença mais profundo é o de pertencer a Deus. Calma! Não pense que começamos sabendo o que significa Deus, e a partir disso afirmamos a nossa pertença. Devemos antes inverter essa ordem e perguntar: onde o meu sentimento mais profundo de pertença está ancorado? Onde está ancorado além do reino de todos os fenômenos perecíveis que vão e voltam? A resposta para essa pergunta mostrará para cada um de nós o que pessoalmente "Deus" significa (quando esse termo é usado corretamente). A forma específica através da qual expressamos a nossa fé em Deus não é de extrema importância; ela pode mudar. O que mais importa é: descobrir a profundidade do oceano onde afundamos a nossa âncora do significado, reconhecer que isso é o que "Deus" significa para nós, e deixar esse significado penetrar na nossa vida cotidiana.

É importante dizer de fato "creio em Deus" ou "tenho fé em Deus"? A resposta é sim. Colocar isso em tantas palavras – mesmo quando as digo somente para mim mesmo em silêncio – pode ser um passo decisivo na minha vida espiritual, pois cada vez que me lembro da minha pertença, bebo da Fonte do Significado. Isso dá dedicação à minha vida; ajuda a evitar caminhos de alienação sem saída e não me permite ter o sentimento de ser órfão no universo. Ajuda-me a ir adiante com uma consciência nítida do que importa fundamentalmente. Expressar fé em Deus dá base para uma vida alegre, de gratidão, e criativa.

Essa base se torna maior quando me junto a outros proclamando nossa fé básica em Deus, uma fé que une todos os seres humanos. Fico fortalecido na minha consciência de uma comunhão mundial. Afinal, compartilhamos com todos os outros seres humanos neste planeta a possibilidade de termos consciência da nossa pertença mais profunda e encontrar nisso a Fonte do Significado – quer falemos de "Deus" ou não. Isso também é a base da nossa mútua pertença uns aos outros. Nada é mais necessário hoje do que esse sentido de pertença mútua entre todos os seres humanos – que depois se expande para incluir também o universo não humano.

Há muitas religiões, muitas crenças, mas somente uma fé. Podemos (e devemos) aprender a levar a nossa fé mais a sério do que as crenças nas quais essa fé encontrou expressão até agora. O presente pede uma expressão diferente, se fé significa ter um futuro. Crenças religiosas sempre correm o risco de nos dividir; elas têm o poder de fazer isso. Mas a fé tem o poder ainda maior de nos unir.

O Credo Apostólico é a profissão de fé cristã no batismo. A imersão nas águas batismais é um sinal sacramental para o nascimento numa nova vida: a vida de Deus em nós; nossa vida em Deus – o Deus trino. A fórmula (eu) CREIO – EM DEUS aponta desde o início para uma compreensão trinitária. "Deus" significa o insondável mistério do qual venho e ao qual estou ligado. O "eu" significa o eu humano, em quem o universo se torna explicitamente consciente de Deus e de si mesmo. E "acreditar" significa a terceira dimensão da vida divina que une os dois polos de Deus e "eu" no processo criativo dinâmico de viver e amar. Passo a passo o Credo revelará o que esta primeira frase, capital, antecipa.

Reflexões pessoais

As palavras de um menino que a mãe coloca na cama na hora de dormir ainda ecoam na memória. Ele tem medo do escuro, e a sua mãe o tranquiliza, "Não precisa ter medo; Deus está sempre perto de você". "Sim", ele responde, "eu sei, mas quero um Deus de carne e osso". Nós todos não dissemos isso? Não nos foi permitido ver o corpo de Deus perto de nós, quando a sociedade nos programou para conceber Deus separado do mundo e como "puro Espírito". Mal percebemos que ao tornar Deus "imaterial", no sentido de não ter corpo ou forma material, Deus também se tornou "imaterial", no sentido de não ter relevância e importância tangível. Para Mary Oliver, uma poetisa que nunca perdeu a perspectiva da criança de "um Deus de carne e osso":

> *it is not hard to understand*
> *where God's body is,*
> *everywhere and everything; shore and the vast*
> *fields of water, the accidental and the intended*
> *over here and over there...*[1]

> [*não é difícil entender*
> *onde o corpo de Deus está,*
> *em todos os lugares e em tudo; na costa e nos vastos*
> *campos de água, o acidental e o intencional*
> *aqui e ali...*]

Ela o encontra em todos os lugares e em tudo. Isso não deveria causar surpresa alguma em qualquer cristão que leva a encarnação a sério. O eu divino incessante e inexorável – efusão através da qual "a Palavra se tornou carne" – arrebentará qualquer dique com o qual um teólogo pode tentar segurar a sua inundação precipitada nos limites. O padre na Eucaristia que, em nome de Cristo, diz "este é o meu Corpo" não pode limitar o significado dessas palavras ao pão que segura em suas mãos. O seu corpo, como São Paulo nos diz, é um templo do Espírito Santo, mas onde o seu corpo termina? Está entrelaçado com todo o universo? E se esse é o caso, o seu corpo não é todo o universo – corpo de Cristo, templo do Espírito Santo, corpo de Deus?

"É tão denso e aparente" – esse corpo de Deus, diz Mary Oliver – "e mesmo assim ainda estou insatisfeita [...] Onde, você supõe, está a Sua mente empalidecida e maravilhosa?". "Senhor, mostra-nos o Pai", diz Filipe no Evangelho segundo São João, e Jesus responde: "Quem me vê, vê o Pai". A tradição cristã chama a manifestação de Deus em tudo o que existe de "Cristo Cósmico". Todo o universo é o corpo de Deus.

---

[1] "On Thy Wondrous Works I Will Meditate (Psalm 145)". In: Mary Oliver, *Thirst*. Beacon Press, 2006. Copyright © by Mary Oliver. Uso permitido por Mary Oliver.

Mas se estamos, dessa maneira, rodeados pela manifestação de Deus, de onde brota o nosso desejo de Deus não manifesto? Esse próprio desejo poderia ser um forte desejo divino na profundeza do nosso ser?

Você já recebeu um presente anônimo? Você se lembra como se sentiu? A minha lembrança é que presentes anônimos me desconcertam. Por mais que eu possa gostar do presente, é acima de tudo a minha relação com aquele que me dá que importa para mim. A relação é o aspecto mais importante do ato de dar e receber o presente. Toda a manifestação de Deus *densa e aparente* é um presente. Portanto, o que é mobilizado em nós é o desejo de agradecer esse presente, e nos voltamos para o Presenteador, Deus não manifesto, o Amor puro que se espalha *como* o manifesto.

Só podemos falar com metáforas. Cada metáfora tem seus pontos fortes e suas limitações. Uma das razões que aprecio na ideia de ver o universo como corpo de Deus é que essa metáfora poderia aumentar imensamente a nossa reverência à Mãe Terra (e dessa maneira dar na nossa imagem masculina de Deus uma boa sacudida). Você pode imaginar o efeito que causaria na nossa imaginação se pudéssemos reconhecer os danos que infligimos ao nosso meio ambiente como ferimentos no corpo de Deus? Há aspectos da sua educação que favorecem ou bloqueiam essa noção? Como a ideia de que o universo é o corpo de Deus o afeta pessoalmente?

PAI

O que isso de fato significa?

Ao usar o nome PAI para Deus, o Credo começa a expressar a fé humana universal em termos especificamente cristãos. Continua sendo, contudo, a mesma fé. É à luz dessa fé humana básica em Deus que sua formulação cristã específica terá que ser interpretada e compreendida. Pode haver diversas crenças através das quais a fé se expressa, pode haver vários estágios de desenvolvimento da fé, mas a fé enquanto tal é uma confiança corajosa em um "Poder maior que nós mesmos". O termo PAI evidencia que confiamos em Deus como um ser amoroso. Implicitamente, a fé sempre pressupõe essa convicção, pois afinal só podemos confiar no amor.

A maneira preferida de Jesus de expressar a sua fé era chamando Deus de *Abba*, um termo afetuoso que expressa a confiança de uma criança no amor de um pai. Para muitos cristãos, a imagem de Deus como PAI se tornou tão familiar que tendem a esquecer que se trata de uma imagem. Muitas pessoas acham hoje que o uso exclusivo da imagem de pai para Deus pode causar enormes distorções psicológicas e sociológicas. Muitos aspectos masculinos são projetados inconscientemente na visão que se tem de Deus; muitos que são maternos são negligenciados e se perdem. Isso reforça o chauvinismo masculino na sociedade e pode facilmente levar a imaginar

Deus como nosso próprio pai – com todas as tensões que isso pode acarretar. A fé em Deus é semelhante à confiança da criança na mãe, no mínimo tão próxima quanto num pai. Pouco importa o quanto uma determinada imagem é significativa ou consagrada, ela não conseguirá expressar algum aspecto para o qual outras imagens se adaptam melhor. Vale lembrar-nos disso e sermos flexíveis, sobretudo quando lidamos com coisas que nos pedem uma confiança que vai além da nossa imaginação.

Se ainda chamamos Deus de PAI é porque Jesus o chamou assim. Se tivermos isso em mente, o uso de PAI no Credo identifica uma linhagem de fé – a de Jesus –, mas quem quer restringir toda a fé a essa linhagem? A árvore da fé humana é antiga e tem muitas ramificações mais velhas. A fé não surgiu com sua expressão em particular nas crenças cristãs. Mas a partir desse ponto, o Credo revela a expressão cristã da fé. Aqueles que preferem uma expressão diferente da fé universal ainda podem encontrar esta enriquecedora. Quando mais nos aproximamos da essência da fé, mais apreciamos e desfrutamos da grande variedade de suas expressões.

O espaço Deus (análogo ao espaço cósmico) que os nossos corações exploram desde a origem da vida humana é tão vasto que exploradores podem nos oferecer relatos aparentemente contraditórios que, mesmo assim, não são discordantes. Em Deus, todos os opostos se harmonizam, como Nicolau de Cusa (1401-1464) notou. As explorações dos místicos judeus, dos cristãos e dos muçulmanos enfatizam o aspecto pessoal da pertença derradeira. Tradições primitivas – ameríndios, por exemplo – e algumas ramificações do hinduísmo usam imagens de Pai, Mãe ou de Ancestral para Deus. Chamar Deus de PAI significa que podemos ter a experiência da Fonte suprema de tudo como pessoal e carinhosamente ligada a nós. Todavia, fé em Deus como algo pessoal não implica a noção enganada de que Deus é "uma pessoa". Nada justifica que Deus seja limitado por nosso conceito de pessoa. Embora falar de Deus em termos pessoais se justifique por nossa experiência de uma relação pessoal com Deus.

Como sabemos que é assim?

Nos melhores e mais intensos momentos da vida, quando somos mais verdadeiros e totalmente nós mesmos – em nossos momentos extremos – experimentamos o que se descreve como um sentido de "pertença ilimitada". Quando nós o exploramos, descobrimos que essa pertença é sempre mútua. Quanto mais pessoal for a ligação, mais intensa se torna a mutualidade. Há inclusive um tipo de mutualidade entre nós e as coisas que nos pertencem. Estas nos fazem certas exigências – cuidado, consideração, paciência. A partir daí podemos passar para plantas, animais e humanos, e vemos que a cada nível o aspecto pessoal da relação aumenta e a mutualidade se aprofunda. Essa evolução finalmente aponta para a direção que chamamos de "Deus". No primeiro verso do Salmo 63, "Ó Deus, tu és o meu Deus", o pronome possessivo *meu* é mais apropriado e tem mais significado do que em qualquer outro contexto. Somente Deus pode ser completa e inseparavelmente *meu*, pois somente pertenço a Deus completa e inseparavelmente. Antes de sabermos qualquer coisa sobre Deus, conhecemos Deus como a direção do nosso desejo e da nossa pertença. Na nossa relação com a Fonte do Ser, a mutualidade alcança o seu clímax inultrapassável.

Visto que sou uma pessoa e essa relação de pertença é profundamente pessoal, expresso a minha relação com a Realidade Suprema em termos pessoais e em imagens como PAI. Ao fazer isso, atribuo a Deus todas as perfeições do humano e nenhum dos seus defeitos. Afinal, como eu poderia ser uma pessoa se a Realidade Suprema é impessoal?

Um dos meus professores de zen-budismo, Eido Shimano Roshi, falava com frequência da nossa existência humana passageira como uma onda que se ergue no oceano e volta a afundar nele. Essa imagem me dava a impressão de não ter algo essencial. Então, perguntei: "Como onda tenho consciência pessoal e liberdade; vou perder tudo isso quando voltar para o oceano?". A resposta de Eido Roshi é: "De onde viria a consciência pessoal e a liberdade da onda se o oceano não a tivesse?". Isso significa que todos os valores positivos que associamos ao humano – os nossos próprios e os dos outros – são um presente e uma manifestação do Não manifesto. A onda não tem nada que o oceano não tenha. Portanto, faz sentido para mim como pessoa referir-me a esse aspecto do Não manifesto em termos pessoais. Jesus o fez ao usar o termo PAI.

Por que isso é tão importante?

Ao cultivar uma relação pessoal com a Realidade Suprema, podemos aumentar muito a nossa alegria de viver. Essa relação torna possível a gratidão, e esta é fundamental para a alegria. O que vemos como natural não nos dá alegria, mas tudo aquilo por que temos gratidão nos alegra. Dessa maneira, alegria é a felicidade que não depende do que acontece. Temos a chave da felicidade em nossas mãos: gratidão. E assim como a gratidão é mais intensa quando é pessoal, também é a alegria que a desencadeia. Ter consciência de estar pessoalmente ligado à Base divina do Ser é o fundamento da gratidão suprema, por conseguinte da mais profunda alegria. Ao chamar Deus de PAI, expressamos uma relação pessoal que permite a gratidão e a alegria.

Chamar Deus de PAI diferencia a tradição de fé de Jesus de todas as outras – embora ao mesmo tempo ligue essa tradição cristã mais profundamente a todas as outras. Visto que os cristãos chamam Deus de PAI, eles devem reconhecer todos os outros humanos – de fato, todas as outras criaturas – como seus irmãos e suas irmãs, e tratá-los de acordo com isso. Isso faz de toda a Terra a casa de Deus e cada ser humano um membro completo e amado – uma imagem que poderia sem dúvida aumentar o nosso sentido de pertencer a este planeta e de ser responsável por ele.

Reflexões pessoais

No Dia dos Pais, quando o nosso pastor convida os pais da congregação a se levantarem para uma bênção especial, é com plena convicção que também me levanto. A angústia que sofri por meus vários filhos e minhas várias filhas espirituais (e também a alegria) pode certamente ser comparável à do pai de doze filhos que um dia sonhei ser. Ter um filho é muito fácil para um homem. Com frequência ouvimos falar de homens despreparados que deixam as suas famílias para cuidar de suas próprias vidas, ou que ficam em casa, mas descuidam de sua responsabilidade de amor, acarretando sofrimento para a mãe e para as crianças. E, como todos sabemos, ser pai é uma coisa bem diferente, uma tarefa que requer todas as melhores qualidades de caráter e, acima de tudo, amor paciente. "Deus é como o pai que você gostaria de ter tido," disse um menino numa penitenciária de menores. Quando o Credo chama Deus de PAI, não é como Fonte e Originador de tudo o que existe, mas como uma Presença amorosa, cuidadosa, nas nossas vidas. Se não dermos à metáfora de Deus como PAI a aura afetuosa que Jesus deu, é melhor não usá-la.

São felizes aqueles que guardam consigo lembranças de pais carinhosos. É o seu caso? Mais felizes ainda são aqueles cujos filhos guardarão essas lembranças em seus corações. Isso fará toda a diferença na compreensão – tanto dos pais quanto dos filhos – da relação de Deus conosco.

O que tenho em mente aqui são, acima de tudo, lembranças afetuosas. Não precisam ser especialmente nobres, elevadas ou muito importantes. O que mais nos toca são lembranças de amor com todo o seu humor peculiar. Sim, humor, uma das qualidades mais extraordinárias do amor de Deus. Um humor que (dentro do seu contexto linguístico) nunca nos humilha, mas nos torna humildes e humanos, quando permitimos que seja absorvido.

Em seu poema "My Papa's Waltz" [A Valsa do Meu Pai], Theodore Roethke captou uma doçura áspera que posso rapidamente associar ao amor de Deus, apesar do uísque no hálito do pai. A Mãe Igreja pode fazer cara feia, mas "o Pai vai dançar" (como na música deliciosa de Carey Landry e de Carol Jean Kinghorn), e poderíamos fazer coisa pior do que agarrar a camisa de Deus.

The whiskey on your breath
Could make a small boy dizzy;
But I hung on like death:
Such waltzing was not easy.

We romped until the pans
Slid from the kitchen shelf;
My mother's countenance
Could not unfrown itself.

The hand that held my wrist
Was battered on one knuckle;
At every step you missed
My right ear scraped a buckle.

You beat time on my head
With a palm caked hard by dirt,
Then waltzed me off to bed
Still clinging to your shirt.[1]

---

[1] "My Papa's Waltz". In: Theodore Roethke, *Collected Poems of Theodore Roethke*. Copyright © 1942 by Hearst Magazines, Inc. Uso permitido por Doubleday, divisão da Random House, Inc.

[*O uísque no seu hálito*
Podia deixar um menininho tonto;
Mas eu me agarrei como a morte
Aquela valsa não era fácil.

Brincamos tanto que até as panelas
caíram das prateleiras da cozinha;
O semblante da minha mãe
Não deixava de ficar franzido.

A mão que segurava o meu pulso
Estava machucada em uma articulação;
Cada passo que você errava
A minha orelha direita esbarrava numa fivela.

Você marcava o compasso na minha cabeça
Com a palma da mão coberta de sujeira,
Depois valsou comigo até a cama
E eu ainda estava agarrado à sua camisa.]

TODO-PODEROSO

O que isso de fato significa?

Depois de ter proclamado a nossa fé em Deus, que Jesus nos ensinou a reconhecer como um Pai afetuoso, agora chamamos esse Pai paternal de TODO-PODEROSO. Essa sequência é reveladora. Não falamos de um Deus onipotente, mas primeiramente chamamos Deus de Pai e depois proclamamos a nossa crença de que Deus – *como* Pai – é TODO-PODEROSO. Isso mostra que não começamos com uma noção filosófica de onipotência.

O próprio significado de TODO-PODEROSO no Credo é definido por sua posição: é somente no contexto de amor paternal de Deus que chamamos Deus Todo-Poderoso. Nada é onipotente, só o amor. A experiência de vida nos ensina que somente o amor tem o poder de colocar em ordem mesmo as situações mais confusas, dando-lhes um novo significado. A frase enigmática de Santo Agostinho *Ordo est amoris* pode ser entendida no sentido de que o amor todo-poderoso traz enfim ordem ao nosso mundo aparentemente caótico. Fé em Deus como pai é fé no amor TODO-PODEROSO.

Como sabemos que é assim?

Todas as provas parecem contradizer a própria possibilidade de que Deus pudesse ser tanto amoroso quanto TODO-PODEROSO.

Por causa da violência, da destruição e do sofrimento que vemos ao nosso redor, o amor de Deus parece inoperante e longe de ser onipotente. Ou mesmo pior, se Deus é de fato onipotente e permite que tudo isso aconteça, Deus é monstruoso. Esse dilema não pode ser resolvido a partir de uma perspectiva conceitual "objetiva" de especulação desapegada.

Consulte a sua experiência pessoal. O que você deseja mais profundamente: uma existência indolor ou cheia de sentido? A maior dor não seria a falta de significado na vida? Seres humanos podem sobreviver em circunstâncias de privação inimaginável, mas quando as suas vidas perdem sentido, não podem sobreviver. Mas o que dá sentido à vida? A resposta é *amor*. Eu pergunto a você, não é o amor que dá significado à *sua* vida? Mas o amor deve ser dado gratuitamente; não pode ser forçado ou comprado. O amor pressupõe liberdade. Aqui tocamos no ponto crucial. A nossa dignidade humana depende do uso correto da liberdade. O contrário é o abuso de liberdade, que causa sofrimento para nós mesmos e para outros. Temendo isso, deveríamos então desejar a eliminação da liberdade para nos livrarmos do sofrimento? Sem liberdade não há amor; sem amor não há sentido; sem sentido temos o pior sofrimento: a ausência de sentido. A única solução desse impasse reside no oposto: o amor pode dar sentido até para o sofrimento – e assim superá-lo.

Há uma forma de sofrimento de negação da vida: "ir contra o natural", por assim dizer, de maneira ressentida. E há uma forma de afirmação da vida: "a favor do natural", amorosamente. Mas o que devemos dizer àqueles que se acham incapazes de dar significado ao seu sofrimento através do amor? Não é uma questão de *dizer*-lhes qualquer coisa, pois isso seria uma prova de sua falta de reverência por seu sofrimento. Somente podemos ficar silenciosamente ao seu lado. Devemos considerar que quando uma criança sofre, o pai sofre mais ainda. Uma única lágrima derramada por uma criança rompe o construto filosófico de um Deus onipotente que não pode sofrer.

Chamando Deus primeiramente de PAI e somente depois de TODO-PODEROSO, o Credo dá a entender que sempre que há sofrimento, é Deus como Pai amoroso que sofre. Isso não elimina a dor, mas lhe dá sentido através do amor.

Por que isso é tão importante?

Ao chamar Deus de PAI, começamos a nos ver e toda a casa cósmica de Deus sob uma nova luz, a luz do amor. Ao chamar o amor paternal de Deus de TODO-PODEROSO, queremos dizer que a sua luz brilha não somente *na* escuridão, como a luz sempre faz. A luz do amor brilha "*nas* trevas" (João 1,5), no sofrimento, na confusão, em tudo o que nunca entenderemos. O amor faz a própria escuridão brilhar. Isso abre novas possibilidades para lidar de maneira criativa com o lado sombrio da realidade. As palavras só funcionam como indicadores; devemos testar isso nos nossos momentos de trevas. Aqueles que o fizeram, aqueles que sofreram de maneira amorosa, descobriram o poder transformador do amor.

Reflexões pessoais

"Deus está mesmo em todos os lugares?", pergunta uma criança a uma professora de catecismo. "Sim!" é a resposta, "Deus está presente em todos os lugares". "No nosso sótão também?" "Claro." "E no nosso porão também?" "Sim, sim, querido. Deus está presente mesmo no seu porão." "Te peguei! Nós não *temos* um porão!" É possível fazer essas brincadeiras com a onipotência de Deus assim como com a sua onipresença. Deus pode fazer um círculo quadrado? Claro que não. Contudo, isso não prova que o poder de Deus seja limitado, mas que a pergunta é estúpida.

A palavra TODO-PODEROSO tende a produzir mal-entendidos. Produz imagens de um super-rei que faz todo o mundo e tudo obedecer à vontade dele (sim, "dele", pois se trata certamente de uma fantasia masculina). Esquecemos que Deus "retrocedeu", nos termos da tradição judaica, para deixar o universo e cada criatura que nele está fazer o que quer. Deus dá a todos os seres a liberdade para serem si mesmos. Deus olha para eles com olhos maternos e diz: "Sim, vocês podem fazer isso!" da mesma forma que Cesar Chavez autoriza os oprimidos com as mesmas palavras (elas parecem ainda mais encorajadoras em espanhol), *"Sí, se puede!"*. Todo o poder de Deus acaba nos autorizando com um "Sim" materno. Quando chego na palavra TODO-PODEROSO no Credo, eu a leio como um "Sim". A onipotência de Deus é o poder da última afirmação.

Na sua famosa oração "Agradeço a Deus por este dia maravilhoso", o poeta E. E. Cummings agradece a Deus "por tudo o que é natural, o que é infinito e o que é sim". Ele fala de nós, seres humanos, como "erguidos do não de todo o nada" pelo "sim" de Deus. Mas Deus não somente ergue o universo do "não de todo o nada", como também *diz* o "sim" encorajador que deixa que todas as coisas floresçam e sejam elas mesmas. Poderíamos até dizer que Deus *é* simplesmente Sim.

Para a poetisa Jessica Powers, "sim é a única necessidade de toda a minha vida", e

>   *... I would guess*
> *heaven for me   will be na infinite*
> *flowering of one species   a measureless sheer*
> *beatitude of yes* [1]

>   [*... Eu diria*
> *que o céu para mim   será um infinito*
> *florescer de uma espécie   uma absoluta e completa*
> *beatitude do sim*]

---

[1] "Yes". In: *The Selected Poetry of Jessica Powers*. Washington, D.C., ICS Publications. Todos os direitos, Mosteiro Carmelita, Pewaukee, Wisconsin. Uso permitido.

Cummings chegou a dizer "acredito que sim é a única coisa viva". E ele nos aconselha "esquecendo o se, lembrem-se do sim".

*

Você já viveu um momento em que "da mentira do não, surge uma verdade do sim"? Se esse for o caso, você sabe por experiência o que queremos dizer quando, no Credo, chamamos Deus de TODO-PODEROSO. Em geral, só podemos ver isso retrospectivamente. Olhando para trás, num momento da nossa vida quando todas as coisas clamavam "NÃO!" para tudo o que desejávamos, vemos agora, anos mais tarde, que de alguma forma um *sim* afinal surgiu. Esse *sim* amoroso criou começos novos e imprevisíveis que ultrapassaram todas as nossas esperanças. No contexto da nossa profissão de fé, esse reconhecimento significa mais ainda. Implica o nosso comprometimento de dar poderes a outros, de deixar o vento da onipotência de Deus abrir as nossas velas, para que através de tudo o que fazemos e sofremos, a verdade do *sim* surja da mentira do *não*. Para tanto, devemos orar com outro poema de Cummings:

> *may i be gay*
> *like every lark who lifts his life from all the dark*
> *who wings his why*
> *beyond because and sings an if*
> *of day to yes* [2]
>
> [*que eu seja alegre*
> *como toda cotovia que ergue a sua vida de toda a escuridão*
> *que alça o seu por quê*
> *além do porque e canta um se*
> *do dia para o sim*]

---

[2] "may i be gay". In: E. E. Cummings, *Complete Poems: 1904-1962*. Ed. George J. Firmage. Copyright © 1963, 1991 by the Trustees for the E. E. Cummings Trust. Uso permitido por Liveright Publishing Corporation.

CRIADOR DO CÉU E DA TERRA

O que isso de fato significa?

Ao chamar Deus de CRIADOR, os cristãos expressam a sua confiança de que todas as coisas e todos os fatos devem ser afinal significativos porque fluem da fonte mais profunda do significado que chamamos de Deus. A noção de criatividade divina evoca associações de sábio planejamento, de concepção completa e detalhada, de zelo cuidadoso. A força propulsora de toda criatividade é o amor. Seja o que for, é um presente dado gratuitamente, e isso torna o todo cheio de sentido.

Temos que tomar muito cuidado, contudo, para evitar a ideia errada de que a criação implica algum ímpeto externo, um pontapé do CRIADOR. A criatividade divina funciona a partir de dentro. É uma coisa só proveniente do impulso de cada criatura para se tornar si mesma. O Dr. Fausto, de Goethe, queria saber o que "mantém o mundo unido no seu núcleo mais profundo". O princípio criativo que ele estava procurando era o amor. O amor – no sentido de um *sim* ativo à pertença – move até a menor partícula do universo de dentro.

CÉU E TERRA significam tudo o que existe – "tudo o que é visível e tudo o que é invisível", diz outro credo cristão, mas isso também é uma metáfora. Através da influência do pensamento oriental, muitas pessoas no Ocidente hoje conhecem a distinção entre o manifesto e o não manifesto. Esses conceitos podem se igualar ao que CÉU E TERRA significavam para aqueles que formularam o Credo. Dessa maneira, TERRA significa tudo o que é manifesto nas realidades externa e interna, e CÉU tudo o que está "escondido em Deus" (Colossenses 3,3) – no útero grávido do Nada e do Vazio divino. O grande teólogo Raimon Panikkar diz de forma pungente: "O Nada do qual Deus cria tudo é Deus".

Devemos continuar a busca por imagens e metáforas úteis, mas nunca esquecer que não são mais do que isso. CÉU nessa frase do Credo não se refere a um lugar de bem-aventurança eterna, mas sim ao manancial da ação criativa de Deus, que é o significado original da palavra na Bíblia hebraica.

Como sabemos que é assim?

Quando olhamos ao nosso redor, espontaneamente sentimos a natureza como algo cheio de sentido. As coisas nos dizem algo, embora não em palavras. Vemos nelas uma Presença maior que, por assim dizer, incorporam. Às vezes, isso nos apavora – quando há uma tempestade, talvez, ou quando estamos à beira do Grand Canyon. Tudo o que é natural nos diz algo, não em conceitos – ou melhor, cada Presença nos diz algo através de tudo o que percebemos. Essa experiência está por trás da noção bíblica que diz "Deus disse [...] e assim se fez". Essa é a linguagem poética inspirada pela experiência de que o meu coração pode ouvir Deus falar comigo através de toda a criação. E essa experiência está acessível a todo aquele cuja fé está suficientemente sintonizada para ultrapassar o autoengano fundado no medo. Experimentamos uma confiança da realidade expressa, por exemplo, nas "leis da natureza". Portanto, faz sentido quando H. R. Niebuhr diz: "Há fidelidade no coração de todas as coisas". O coração humano espontaneamente percebe o batimento cardíaco de uma Presença cuja fidelidade incita a nossa fé.

Podemos também usar uma abordagem ligeiramente diferente. Reconhecemos tudo o que existe (inclusive a nossa própria mente e o nosso próprio corpo) como uma "certa realidade", em outras palavras, como um presente. A partir daí, a nossa mente segue o rastro até a Fonte Suprema e concebe a ideia de Deus como CRIADOR. De fora, isso parece como um caso de personificação antropomórfica; mas de dentro, isso pode ser vivido como a verdadeira descoberta de um "Doador de todos os Presentes" que nos encontra em cada momento. A nossa própria criatividade é feita daquilo que fazemos com a oportunidade que nos é dada a cada momento. Dessa forma, participamos do contínuo processo da criação. Do ponto de vista do nosso pequeno ego, isso tem sido considerado uma "cocriação". Nos nossos momentos mais criativos, contudo, o nosso verdadeiro Eu pode experimentar uma união ainda mais próxima do que o "co" sugere. A própria energia do CRIADOR flui através de nós. "Você está aqui para permitir que o objetivo divino do universo se desenvolva", diz Eckhart Tolle. "Isso mostra como você é importante!"

Por que isso é tão importante?

Se não o virmos como um meio que é o resultado de forças mecânicas cegas, a nossa atitude em relação ao mundo que nos rodeia melhora muito, mas olhemos mais profundamente e descobriremos no seu âmago uma fidelidade preparada com amor e cuidado como nossa casa. Uma casa é algo de que se deve cuidar, algo por que somos responsáveis.

Contanto que nos lembremos de que o CRIADOR é uma imagem, pode ser compreendido como o surgimento da forma do vazio, com ênfase primordial na sabedoria e na compaixão como força propulsora. Assim sendo, a realidade que essa imagem indica não somente nos encherá de admiração, mas também inspirará o nosso sentido de responsabilidade. No meio da nossa crise ecológica, é bom que sejamos lembrados de que somos responsáveis pela natureza (inclusive dos nossos próprios corpos) como uma Autoexpressão criativa de Deus. Ver CÉU E TERRA – o interno e o externo, a mente e a matéria – igualmente divididos pelo amor criativo contribui para uma visão de mundo equilibrada e uma ação consciente.

Um estrato antigo da religiosidade humana usa a imagem do CRIADOR, e essa imagem ainda está nitidamente viva para muitas pessoas em diversas partes do mundo. Com sua fé, podemos estabelecer uma ligação consciente cada vez que nos referimos no Credo a Deus como CRIADOR DO CÉU E DA TERRA. A nossa sobrevivência, não menos do que a do povo Guarani, residente na perigosa floresta amazônica, depende de uma afirmação consciente e ativa dos elos que nos unem a todos os homens na Terra. A fé, independentemente da forma como se expressa, é um dos elementos mais fortes dessas ligações.

A história da criação bíblica fala de Deus como criador do mundo "no começo". Entretanto, devemos tomar cuidado com a noção enganada de um impulso inicial, dado externamente por uma influência divina. O Amor Criativo está presente no núcleo mais profundo da menor partícula do universo – e não somente em algum ponto do começo, mas sempre. Se tivermos isso em mente, a fé na criação nos tornará criativos.

Reflexões pessoais

Para mim, as íris não são somente flores; são amigas. São irmãs para mim desde a época do jardim do meu pai, quando eu tinha que ficar esticado e na ponta dos pés para cheirá-las, pois eram mais altas do que eu. A sua fragrância úmida flutua nas minhas lembranças de infância. Mais tarde aprendi a associar esse perfume provocador, tentador, às meninas que foram as minhas primeiras paixões de infância. As íris me despertaram na época para a beleza, e ainda despertam hoje.

Em sete décadas, o encanto desses florescimentos fantásticos não diminuiu para mim, e a penugem dourada em suas folhas inclinadas com suas veias semelhantes a impressões digitais convida não somente a abelha como também o meu olhar profundo na tenda ensolarada das pétalas translúcidas. Olho e volto a olhar e me perco nesse olhar. O tempo fica parado quando estou diante de uma íris. O tempo deixa de existir. Tudo é agora. E nesse agora, a íris emerge do "não de todo o nada" como um "Sim" extremamente delicado e real. Todas as íris de Van Gogh estão resumidas e superadas nessa única íris, movendo-se levemente, na brisa da manhã.

Quando isso acontece, há muito meus pensamentos ficaram para trás. Eles não podem acompanhar a minha consciência. Caíram no ponto em que essa íris surge: agora e agora e agora salta do não ser para o ser – junto com o arbusto de rosáceas atrás, com a grade, o céu e sua nuvem elevada e comigo. A cada respiração posso dizer "Eu sou". A cada batimento cardíaco posso afirmar ser a partir do não ser. Subitamente entendo o que John Cage escreveu:

Cada coisa é uma celebração do nada que a sustenta.

Isso ecoa no seu coração antes de começar a descobrir o que isso de fato significa? Pessoalmente, acredito no processo da criação contínua que esse verso implica. Confio nesse processo; entrego-me a ele. Não é um processo impessoal, mas a mais profunda de todas as relações pessoais. Você pode fazer uma conexão entre o Nada que suporta tudo – o Não manifesto que se manifesta em tudo o que existe – e essa Presença misteriosa que Jesus chama de *Abba*, Pai?

E EM JESUS CRISTO

O que isso de fato significa?

A compreensão correta dessa frase depende da palavrinha E. Esse E acrescenta algo? Já proclamamos a nossa fé em Deus; o que poderia ser adicionado a Deus? Fé é comprometimento total; nada pode ser adicionado ao que é total. Portanto, esse E não implica adição, mas clarificação, como quando dizemos "o sol e seu calor lhe farão bem".

Ao dizer que acreditamos em Deus E EM JESUS CRISTO, damos um passo adiante ao tornar explícito como vivemos a experiência de Deus: como Pai, como Amor todo-poderoso, como Criador e agora como Aquele que encontramos em Jesus Cristo. Uma das primeiras frases cristãs diz: "Você viu a sua Irmã, o seu Irmão? Você tem o seu Deus". Segundo a compreensão bíblica, cada ser humano carrega a imagem de Deus. Devemos admitir que a semelhança dessa imagem é frequentemente manchada ou mesmo desfigurada. Aqueles que encontraram Jesus, entretanto, ficaram espantados com a facilidade de estar cara a cara com Deus quando ele olhou para eles – com a facilidade de ouvir a voz de Deus, por assim dizer, quando ele lhes falou. Nos Evangelhos há testemunhos desse fato surpreendente. E desde então, os cristãos são aqueles que encontraram Deus em JESUS CRISTO e através dele.

Observe que não há nenhuma exclusividade aqui. Podemos encontrar Deus em Jesus Cristo, mas por que esse deveria ser o único meio de encontrar Deus? Quando dizemos que o sol e o seu calor nos fazem bem, estamos excluindo a sua luz? Podemos encontrar Deus de inúmeras maneiras. Para os cristãos, Jesus Cristo é o ponto central de todos os seus encontros com o divino.

Não esqueçamos, os cristãos não acreditam simplesmente em Jesus, tampouco simplesmente em Cristo, mas em JESUS CRISTO. Essa denominação une dois extremos: Jesus, uma pessoa histórica diferente de nós, e Cristo, a unidade humana/divina idêntica ao nosso verdadeiro Eu. Devo manter esses dois extremos numa tensão criativa. Há sempre o perigo de deixar a sua conexão se romper. Por conseguinte, Jesus deixa de ser um ponto de referência objetivo para a realidade de Cristo em mim e, sem esse padrão de referência, pode ser distorcido por meu autoengano. Os dois extremos precisam de atenção constante. Devo aprender a entender cada vez mais o que significa o meu comprometimento na direção de Jesus, e devo viver de forma ainda mais consciente a partir do meu próprio verdadeiro Eu, que é Cristo dentro de mim. A fé dinâmica em JESUS CRISTO requer que eu me eleve a essa dupla tarefa.

Como sabemos que é assim?

O nosso conhecimento de Jesus é mediado por outros. Conhecemos Cristo em nós diretamente, mesmo nunca tendo ouvido falar de Jesus.

Voltamo-nos primeiramente para a experiência de Cristo. "O amor é cego", diz um velho ditado. Mas também é verdade que os amantes olham profundamente nos olhos e nos corações um do outro – às vezes de forma tão profunda que vislumbram o divino no outro. Nessa experiência, reside a semente para a compreensão do verdadeiro Eu como o Eu divino. A Bíblia expressa isso referindo-se aos humanos como criados "à imagem e semelhança de Deus". Essa semelhança brilhará ainda mais ao percebermos a nossa verdadeira identidade – Cristo em nós. Nesse sentido, não é necessário ser cristão para conhecer Cristo. Você conhece Cristo quando conhece o seu Eu.

Como encontramos esse Eu? Encontrá-lo é o objetivo de toda prática espiritual, e o método é sempre o mesmo: aprender a viver no momento presente. Várias tradições desenvolveram diversas formas para facilitar esse processo de aprendizagem. Como exemplo disso, temos a vida de gratidão. Você pode ter o sentimento de gratidão *pelo* passado, mas pode ser grato somente no presente. Você pode ter gratidão por ter um futuro, mas sente essa gratidão *agora*. E sempre que estiver presente no agora, a sua consciência muda o Eu. À medida que as pessoas conhecem o seu Eu autêntico, ficam familiarizadas com a realidade interna que os cristãos chamam de Cristo.

De que maneira podemos conhecer Jesus, e em particular que relação podemos estabelecer entre Jesus e Cristo, dependerá da nossa educação, das circunstâncias da nossa vida, do nosso condicionamento cultural e assim por diante. Uma criança cristã pode crescer com uma confusão permanente entre Jesus e Deus. Uma criança judia pode descobrir que o simples fato de citar Jesus pode criar problema. Se tivermos sorte, podemos encontrar cristãos que são verdadeiros seguidores de Jesus e que trazem a alegria do amor de Deus a todos aqueles que encontram. Mas podemos ter a infelicidade de encontrar pessoas que alegam ter uma proximidade especial de Jesus e que são insolentes. A cultura dos nossos ancestrais pode ter sido destruída em nome de Jesus por missionários bem-intencionados, mas equivocados. Ou podemos ter crescido numa cultura na qual as características mais admiráveis estão de certa maneira vinculadas a Jesus, do *Messias* de Händel aos programas dos doze passos. Uma abordagem justa de Jesus requer um esforço colossal para que muitas pessoas ultrapassem o preconceito negativo ou a exclusividade preconceituosa. Um livro como *Meeting Jesus Again for the First Time*, de Marcus Borg, é uma revelação para muitas pessoas. De qualquer forma, é nosso dever ter a imagem mais clara possível de Jesus, cujo impacto na história desencadeou uma revolução social não violenta que ainda está em plena ação: a luta de submeter o amor do poder ao poder do amor.

O simples conhecimento teórico não será suficiente para entender o que essa frase do Credo significa de fato. Três elementos devem estar juntos antes de conhecermos pela experiência o que significa acreditar em Deus E EM JESUS CRISTO:

1. Devemos ter pelo menos uma consciência embrionária do nosso Eu mais profundo, o Cristo em nós.

2. Devemos ter pelo menos um conhecimento rudimentar de Jesus na história e da revolução social não violenta para a qual ele deu sua vida.

3. Devemos preparar o nosso coração para perceber o nosso Eu divino (o Cristo em nós) aderindo à grande causa humana pela qual Jesus viveu e morreu.

Por que isso é tão importante?

Fé EM JESUS (como) CRISTO implica reconhecermos em Jesus o nosso próprio eu humano/divino – o Eu que carrega a imagem de Deus e está vivo com o próprio sopro de Vida de Deus, para usar a linguagem poética usada na Bíblia para falar de Adão, o protótipo humano. Isso não significa uma crença em algo que é externo a nós, mas é a confiança existencial de que a presença amorosa de Deus pode ser percebida em nós e, através de nós, no mundo. Proclamar a nossa fé nessa presença já é o primeiro passo para uma nova ordem mundial.

Isso nos permite compreender por que a fé EM JESUS CRISTO não cria separação entre cristãos e os outros, como se pensava antigamente. Ao contrário, a mensagem importante dessa frase no Credo é que encontramos Deus num ser humano – em qualquer ser humano, mesmo em nós mesmos. O divino quer se manifestar no humano, se abrirmos os nossos corações para essa possibilidade. Ele nos faz aceitar esse desafio. Os cristãos não podem fazer isso sozinhos; é uma tarefa que cabe a toda a família humana como um todo, é sua tarefa mais importante.

O E decisivo nessa frase une a fé no divino como todo transcendente à fé no divino como imanente no mundo – e de forma exemplar EM JESUS CRISTO. Isso dá à nossa fé em Deus um ponto de referência sólido – "O ponto de interseção do intemporal com o tempo" como T. S. Eliot o denominava – do Cristo em cada um de nós com Jesus na história. Isso também dá à fé uma direção clara para a ação: em direção "ao Reino de Deus" – uma ordem mundial baseada no amor – através de uma revolução não violenta.

Reflexões pessoais

Nas estonteantes colinas perto de Bolonha, na encantadora região de Emilia Romagna da Itália, tive o privilégio de fazer parte de um encontro realizado no histórico Palazzo Loup. Durante três dias, seis ou oito pessoas do nosso grupo sentaram-se ao redor de uma grande mesa, discutindo com entusiasmo questões relativas à ciência e à espiritualidade. Nicholas Humphrey, o psicólogo britânico, estava sentado ao meu lado, e logo descobrimos que tínhamos mais coisas em comum do que estarmos sentados um ao lado do outro à mesa de conferência. Fizemos uma longa caminhada juntos, Nick me deu generosamente um exemplar de *Seeing Red: A Study in Consciousness* – o único exemplar que ele tinha do seu último livro que acabava de ser publicado.

Humphrey começa a sua investigação perguntando o que acontece quando vemos algo vermelho. Esse "sentimento de vermelho" nos diz algo sobre o nosso ambiente. Mas as sensações são algo que acontece conosco? Não, diz Humphrey, são algo que fazemos; são nossas reações a um estímulo ambiental e podem ser rastreadas numa linha de descida evolutiva ininterrupta para a forma como células únicas respondem à estimulação. Sua membrana semipermeável deixa passar certas substâncias e rejeita outras. Assim elas se definem, por assim dizer, através do que aprovam e do que desaprovam. Animais mais desenvolvidos agirão assim de maneira mais óbvia, como quando um gato caça ratos e se esconde de cachorros. E veja como são diferentes nossas aprovações e desaprovações humanas, como nos diferenciam uns dos outros. Nós nos definimos pelo que valorizamos e pelo que rejeitamos. As nossas preferências e aversões contribuem muito para o nosso sentido do eu.

O estudo de Nick Humphrey sobre consciência está cheio de percepções que levam à reflexão, mas o meu objetivo aqui é a noção de eu do autor, que o faz apresentar no ponto culminante do seu livro um poema no qual Gerard Manley Hopkins cunha o verbo "to selve". Uma coisa "selves" [vem-a-si] dizendo, através do seu ser, o que é. Dessa maneira, um pássaro – um papa-peixe, no poema de Hopkins – uma libelinha, um sino ou qualquer outra coisa pode clamar, por assim dizer, "Eu sou o que faço: tal era a missão que eu tinha". Essa frase do poema de Hopkins é o último verso de *Seeing Red*. "Mas esse soneto tem mais seis versos. Por que você não os citou?" perguntei. A resposta de Nick Humphrey foi: "Simplesmente porque não gosto deles". Isso me fez retomar e estudar o poema detalhadamente.

> *As kingfishers catch fire, dragonflies draw flame;*
> *As tumbled over rim in roundy wells*
> *Stones ring; like each tucked string tells, each hung bell's*
> *Bow swung finds tongue to fling out broad its name;*
> *Each mortal thing does one thing and the same:*
> *Deals out that being indoors each one dwells;*
> *Selves – goes itself; myself it speaks and spells,*
> *Crying What I do is me: for that I came.*

I say more: the just man justices;
Keeps grace: that keeps all his goings graces;
Acts in God's eye what in God's eye he is –
Christ – for Christ plays in ten thousand places,
Lovely in limbs, and lovely in eyes not his
To the Father through the features of men's faces

[Chispeia o papa-peixe, brilha a libelinha;
Tombado sobre a borda de um tanque redondo
O seixo soa; a um toque a corda ecoa; e o som do
Badalo é língua e brada longe o nome – é assim a
Ação que sempre é feita: o ser que em nós se aninha
Cada coisa mortal o distribui de todo;
Vem-a-si, trilha a si; "eu" exclama, escande, estronda o
Eu sou o que faço: tal era a missão que eu tinha.

Digo mais: um homem justo justiça – e isto:
Guarda graça; o que a seus atos guarda graça; e
Faz aos olhos de Deus o que é a seus olhos – Cristo –
Porque Cristo atua em dez mil lugares, faz-se
Formoso em membros, e olhos de outros, onde é visto
Até ao Pai pelas feições de humanas faces.][1]

 O poeta refere-se aos primeiros oito versos do seu soneto (o octecto) e antecipa os últimos seis versos (o sexteto) com a exclamação: "Digo mais". E o que é esse "mais"? Sua essência é a mudança de foco do "vir-a-si" para o "justiçar", outra palavra que o poeta teve que cunhar para satisfazer a sua necessidade.

---

[1] Tradução de Alípio Correia de Franca Neto reproduzida no site http://alipiocorreia.wordpress.com. (N. T.)

"Cada coisa mortal sempre faz o mesmo," ou seja, "vem-a-si". Mas o "mais" significa: "Um homem justo justiça". Sam Keen, um amigo de longa data e um vizinho de mosteiro, compartilha comigo a sua visão a respeito de como deve ser a religião no futuro. Sam está profundamente comprometido com a justiça social. Dessa forma, não foi nenhuma surpresa para mim quando li no seu manuscrito: "Aconteça o que acontecer, somos membros um do outro – uma comunidade de justiça em formação". Isso me pareceu um comentário sobre Hopkins. "Vir-a-si" produz indivíduos distintos, mas "justiçar" produz comunidades em harmonia. O poeta ativa uma associação com harmonia quando descreve justiçar como "guardar graça". Como se estivesse fazendo duas coisas ao mesmo tempo, a frase sugere tanto uma bailarina acompanhando o ritmo quanto a graça do seu movimento. Ao agir assim, a bailarina "faz aos olhos de Deus o que ele é aos seus olhos – Cristo". Acompanhando o ritmo cósmico, em sintonia com uma harmonia cósmica, uma criatura "dirá mais" do que "este sou eu". Sim, sou "eu", embora não separado, mas um com cada "eu" e, dessa maneira, infinitamente mais. O "eu" é agora um membro do Cristo Cósmico.

Até tarde da noite, fiquei sentado anotando para Nick Humphrey os meus comentários sobre os versos do poema que ele tinha omitido. Não importa quanto se retrocede – para "aprovações ou desaprovações" de uma célula, ou mesmo para a compatibilidade ou a incompatibilidade de moléculas ou átomos – tudo isso já é uma coisa só com o que nos seres humanos se torna a consciência do Cristo Cósmico. Não faria sentido para Hopkins dizer "Jesus" onde ele usa "Cristo". Contudo, em Jesus, como potencialmente em cada um de nós, justiçar adapta a consciência do eu à consciência de Cristo.

*

Você pode de alguma maneira ligar "justiçar" à sua experiência e consciência pessoal? Você percebeu que a justiça dentro de você (uma adaptação ao que é certo) o faz trabalhar por justiça no mundo? Não estou falando de ativismo crítico, mas de harmonia interna criadora de harmonia externa, quer na forma como você mobília o seu quarto, quer na ação política em que participa. A última tornou-se tão importante para o exercício da justiça de Jesus que ele pagou com a sua vida. Ele foi de fato o homem justo que justiçou – portanto, Cristo.

SEU ÚNICO FILHO

O que isso de fato significa?

"Filho de Deus" assim como ÚNICO FILHO são expressões que entraram no Credo a partir da Bíblia hebraica. Por conseguinte, devem ser entendidas no sentido que tinham no seu contexto judeu original, não num sentido helenístico. Jesus não é proclamado para ser o filho de um deus como, por exemplo, Castor e Pólux eram filhos de Zeus na mitologia grega. Semelhante à expressão "filho da mãe", a expressão hebraica "Son of God" refere-se à semelhança, não à descendência. O protótipo bíblico de um filho de Deus é Adão (o "terráqueo", o humano por excelência) criado como todo ser humano, "à imagem de Deus" e destinado a demonstrar a "semelhança de Deus". Jesus é chamado de "Filho de Deus" e o "segundo Adão" por ter cumprido esse destino a um ponto tal que outros viram nele como Deus é.

A expressão ÚNICO FILHO também deve ser entendida contra o pano de fundo da Bíblia hebraica. Pode significar um filho que não tem irmãos, mas também pode ser usada para enfatizar o grande amor do pai por um filho que tem irmãos. No Gênesis, no capítulo 22, por exemplo, Isaac é chamado de "único filho" de Abraão, embora o seu irmão também faça parte da história. "Amado exclusivamente" seria uma versão do inglês mais precisa e menos enganosa. ÚNICO FILHO, no sentido de "amado exclusivamente", não tem conotações exclusivas;

cada filho de um pai é "exclusivamente amado", não importa quantos são. A filiação divina de Jesus não é exclusiva, mas inclui cada ser humano. Todos aqueles que confiam, pelo menos implicitamente, no amor e na compaixão como o bem supremo, são – em e com Jesus o filho de Deus – filhos e filhas de Deus que é Amor. "A todos que o receberam deu o poder de se tornarem filhos de Deus" (João 1,12).

A relação entre Deus e Jesus Cristo não é única? Claro que é. Mas a sua também é. A relação entre Deus e *cada* ser humano é única e insubstituível – em variações sempre novas do tema Cristo. "Porque Cristo atua em dez mil lugares, faz-se formoso em membros, e olhos de outros, onde é visto até ao Pai" através das feições de nossas humanas faces (G. M. Hopkins). A Primeira Epístola de João clama com admiração: "Vede que manifestação de amor nos deu o Pai: sermos chamados filhos de Deus. E nós o somos!" (1 João 3,1).

Como sabemos que é assim?

O contexto linguístico de expressões bíblicas como "Filho de Deus" e ÚNICO FILHO está acessível para os leitores interessados; não é necessário ter bagagem acadêmica. Qualquer biblioteca pública decente terá dicionários bíblicos, índices e comentários. Da mesma forma que profissionais devem ficar a par de pesquisas de sua área, aqueles que são conscienciosos em relação às questões da fé devem estudar sempre. Não permanecer num nível de compreensão de catecismo é dever de uma pessoa madura.

Entretanto, mais importante do que o conhecimento dos livros é a experiência pessoal: "Ninguém conhece o Pai senão o Filho", lemos no Evangelho (Mateus 11,27). E essa é de fato uma boa notícia, pois significa que todos aqueles que conhecem um Poder Superior amoroso são filhos e filhas de Deus. Esse conhecimento só pode vir da experiência, mas está disponível para todos nós. Milhões de pessoas nos programas dos doze passos sabem disso, assim como inúmeras outras que chegaram a um ponto em que nada mais poderia ajudá-las a não ser confiança num poder superior a nós mesmos. Quando temos a experiência do poder para o qual o amor cuidadoso do pai é uma imagem apropriada, entendemos que Jesus pode ser chamado de ÚNICO FILHO DE DEUS, pois nós nos sentimos como filhos e filhas de Deus exclusivamente amados – *tal como entendemos* Deus.

Por que isso é tão importante?

Tudo o que Jesus significa está resumido no seu ato de chamar Deus de "Pai" (*Abba*) e decorre de sua experiência de proximidade com Deus expressa nesse termo de afetividade. É por essa razão que "Filho de Deus" expressa melhor do que qualquer outro título não somente a sua relação com Deus, mas também conosco. Ele é o "primogênito entre muitos irmãos" (Romanos 8,29). Três conceitos de que depende a tradição cristã vêm da proximidade filial de Jesus com Deus: Boa-Nova, Reino de Deus e Salvação.

1. "Boa-Nova" é um termo para o cerne do ensino de Jesus, enraizado na sua experiência de Deus como *Abba*, Pai amoroso. A Primeira Epístola de João resume a Boa-Nova de maneira sucinta: "Deus é amor; e aquele que permanece no amor permanece em Deus e Deus permanece nele" (1 João 4,16).

2. "Reino de Deus" é o mundo – aquela parte do mundo que "permanece no amor". Junto com o poeta Gary Snyder, que fala da "Casa Terra", poderíamos chamar o Reino de Deus de "Casa de Deus". Ao falar de casa aqui, evitamos o mal-entendido segundo o qual Jesus simplesmente substituiu um sistema de dominação secular por um sagrado. Ao contrário, ele viveu e morreu para ultrapassar qualquer forma de sistema de dominação. O seu oposto

completo é identificado pelo "Reino de Deus". A Casa Terra *é* a Casa de Deus – exceto no que se refere aos seres humanos. A Casa de Deus não conhece dominação desnecessária, tampouco opressão injusta, nem exploração egoísta. Somente nós, humanos, como o Filho Pródigo na parábola (Lucas 15,11-32) que deixou a casa por "uma terra estranha", nos tornamos alienados.

3. "Salvação" é o retorno à casa. Quando o amor, não o poder, reina soberano, o distanciamento de nós mesmos, de todas as outras pessoas, e de Deus, é curado. Quando percebemos que nunca somos excluídos do amor de Deus, "voltamos a nós mesmos" como o filho rebelde na parábola – para o nosso verdadeiro Eu, para casa na Casa de Deus como um membro da família especialmente amado. E agora nós nos tornamos catalisadores da salvação do mundo inteiro, para a transformação do poder e da dominação em serviço e amor. Salvação – e isso deve ser enfatizado – não é uma questão particular.

Trata-se de tudo isso quando falamos de Jesus Cristo como ÚNICO FILHO DE DEUS. Não nos limitamos de forma alguma a dizer algo sobre Jesus. Proclamamos, antes, que cada ser humano é filho ou filha de Deus. Nós nos comprometemos com essa família abrangente de Deus e aceitamos a nossa responsabilidade como membros da Casa de Deus. Nessa frase do Credo, que parece tão inócua à primeira vista, quase irrelevante para a vida cotidiana, lidamos com questões de primeira ordem – dignidade humana, não violência, administração ambiental. Nossa filiação à Casa de Deus requer a nossa ação em todas essas áreas.

Reflexões pessoais

Nas minhas reflexões na parte anterior, JESUS CRISTO, usei um dos mais conhecidos sonetos de Gerard Manley Hopkins, em geral identificado por suas primeiras palavras, "Chispeia o papa-peixe". Esse poema sugere que a consciência de Cristo é um passo acima da autoconsciência (no sentido de autoconhecimento) – nas palavras de Hopkins, de "vir-a-si" a "justiçar". Fazendo justiça – integridade e harmonia em todas as relações dentro e fora – sua preocupação primordial, "o homem justo justiça", portanto "faz aos olhos de Deus o que é a seus olhos – Cristo".

A imaginação de Hopkins ajudou-me a expandir a compreensão limitada dos meus dias de escola primária, quando "Cristo" era simplesmente outro nome para Jesus. E se sua primeira parte pode nos ajudar a entender a fé em Cristo, seus três últimos versos podem nos ajudar a entender a fé em Cristo como ÚNICO FILHO DE DEUS:

> *Porque Cristo atua em dez mil lugares, faz-se*
> *Formoso em membros, e olhos de outros, onde é visto*
> *Até ao Pai pelas feições de humanas faces.*

A ideia de que Cristo "atua" usa a imagem de um bailarino que havia sido intimidado nos versos anteriores. Como Paulo e João e outros escritores do Novo Testamento, Hopkins funde aqui a imagem de Cristo com a de Sofia, a Sabedoria de Deus personificada, que sempre atua com encanto diante de Deus (como lemos em Provérbios 8,22-31, uma das passagens mais encantadoras da Bíblia). Contudo, aqui o poeta introduz uma nova profundidade nessa imagem. Ele vê – e este é o ponto decisivo – Cristo atuando em membros e olhos "não seus". Cristo torna-se visível através de características de faces humanas, e isso "em dez mil lugares". Onde quer que estejamos, o Senhor de todos torna-se manifesto em cada um e em todos nós. O Cristo Cósmico atua "em" e "através" de nós na visão do Pai. Feche os seus olhos e guarde essa imagem. A sua mensagem é clara. A fé em Jesus Cristo como "único" filho de Deus não é exclusiva; inclui você e eu nessa relação de amor singular.

A poesia de Gerard Manley Hopkins é rica em imagens e de estrutura firme. Isso requer certo esforço dos leitores. Mas garanto que você vai querer voltar a ler na sua totalidade o soneto que citei de forma tão extensa, e que o seu esforço será bem recompensado.

Chispeia o papa-peixe, brilha a libelinha;
Tombado sobre a borda de um tanque redondo
O seixo soa; a um toque a corda ecoa; e o som do
Badalo é língua e brada longe o nome – é assim a
Ação que sempre é feita: o ser que em nós se aninha
Cada coisa mortal o distribui de todo;
Vem-a-si, trilha a si; "eu" exclama, escande, estronda o
Eu sou o que faço: tal era a missão que eu tinha.

Digo mais: um homem justo justiça – e isto:
Guarda graça; o que a seus atos guarda graça; e
Faz aos olhos de Deus o que é a seus olhos – Cristo –
Porque Cristo atua em dez mil lugares, faz-se
Formoso em membros, e olhos de outros, onde é visto
Até ao Pai pelas feições de humanas faces.

Que imagem nesse poema fala a você pessoalmente? Como você expressaria os pontos principais da mensagem do poeta com suas próprias palavras? O que implica "justiçar" na nossa vida cotidiana? Como a percepção dessa parte é comparada com outras percepções de Jesus Cristo que você conhece?

NOSSO SENHOR

O que isso de fato significa?

Senhor era o título do imperador romano. Para os cristãos, chamar Jesus de SENHOR era símbolo de alta traição. Só um poderia ter autoridade suprema. Se Jesus é denominado SENHOR, o imperador não é. É preciso decidir: poder ou amor? Império ou Casa de Deus? A revolução social não violenta que Jesus Cristo iniciou ameaça as próprias bases de toda ordem mundial fundada no poder, cada império, cada sistema opressivo – político ou religioso – mesmo revestido de uma aparência cristã.

Bem antes de o imperador romano ser chamado de *senhor,* esse era o título de Deus. A palavra grega correspondente, *kyrios,* foi usada nas primeiras traduções das Escrituras hebraicas (século III antes da Era Comum) em vez de um Nome de Deus inomeável. Indicava o poder supremo de Deus. Agora, Jesus ensinou com palavras e ações que o poder de Deus era o poder do amor. Assim, quando os primeiros cristãos disseram "Deus é amor", proclamaram a autoridade absoluta, universal e intimamente pessoal do Amor. Eles haviam experimentado o amor de Deus personificado, por assim dizer, em Jesus Cristo. Segui-lo significava apoiá-lo no poder do amor contra qualquer outro poder no mundo. Como ele representava esse poder divino, eles podiam ousar dar a ele o título de SENHOR, o título de Deus cujo poder é o amor.

Hoje, também podemos experimentar no nosso coração o poderoso pedido de amor como desafio para dizer – ou antes viver – o nosso "Sim!" à pertença. Esse "Sim!" é incondicional, e a pertença é ilimitada. Quando temos consciência desse pedido imperativo de amor dentro de nós e reconhecemos o mesmo amor personificado em Jesus Cristo, faz sentido chamá-lo de SENHOR como representante do Amor divino.

Fé em Jesus Cristo como SENHOR significa suprema confiança no poder do amor de Deus projetado nele. Implica enfrentar os pedidos desse amor vivendo em conformidade com isso. Um mundo em que a soberania do amor determina as relações e os eventos é diametralmente oposto ao mundo competitivo hostil que criamos. A soberania divina do amor inevitavelmente colidirá com os pedidos autoritários das estruturas de poder no mundo em que vivemos. Fé em Jesus Cristo como NOSSO SENHOR implica coragem para entrar nessa luta. O NOSSO enfatiza a universalidade da nova ordem mundial do amor. Inclui não somente cristãos, mas todos aqueles que consideram o amor como autoridade suprema.

Como sabemos que é assim?

Entender o que SENHOR – Kyrios – significa e o que Jesus Cristo quer dizer requer um estudo cuidadoso da Bíblia. Somente no contexto da tradição bíblica as expressões usadas no Credo fazem sentido. Contudo, o significado do Credo vai muito além de suas expressões específicas e do seu contexto imediato. Ligando as suas afirmações com nossa experiência pessoal interna e mais profunda consciência, podemos ver a importância universal. Mesmo uma noção como a Senhoria de Jesus Cristo, que pareceria irrelevante para todos exceto para os cristãos, torna-se profundamente significativa para aqueles que começam não das reivindicações frequentemente equivocadas dessa religião em particular, mas da experiência espiritual universal acessível a todo ser humano.

Nos nossos momentos extremos, experimentamos a felicidade da pertença ilimitada. O nosso coração diz "Sim!" espontaneamente para essa pertença. Ater-se a esse "Sim!" em todas as escolhas da vida é o grande desafio do amor no meio de um mundo hostil. Com base nessa nossa experiência, podemos reconhecê-la também em Jesus e em tudo o que ele representa. O seu "Sim!" à pertença universal encontra expressão na sua forma de ensinar (em parábolas), no seu conceito essencial do Reino de Deus (a Casa de Deus), e na sua compreensão de Deus como Pai (*Abba*) amoroso. Jesus viveu e morreu pelos pedidos de amor. Ao reconhecer esses pedidos no nosso próprio coração como a voz da autoridade divina, podemos ver essa mesma autoridade divina incorporada em Jesus Cristo. Sendo cristãos ou não, podemos entender o significado de "o Senhor é Jesus Cristo" (Filipenses 2,11).

Por que isso é tão importante?

Fé em Jesus Cristo como NOSSO SENHOR encontra expressão no nosso comprometimento com a autoridade suprema do Amor do qual ele dá provas no mundo. Sem esse comprometimento, *Senhor* é um título vazio, mas tornar essa fé um comprometimento há vastas implicações. Se o amor divino encarnado em Jesus Cristo é a nossa autoridade suprema, temos que colocar em questão todas as outras autoridades – respeitosamente, mas não de forma menos radical.

Amor é um "Sim!" à pertença e à sua expressão radical em cada aspecto da vida. Cada um de nós pode e deve trabalhar para um mundo em que o amor é a autoridade suprema. Esse "Sim!" à pertença é o Poder Criativo que dá vida a toda a natureza. Nenhuma criatura viva pode viver no isolamento. Cada um está conectado com todos os outros através de uma rede complexa de relações. Estamos todos incorporados numa matriz compartilhada na qual uns sustentam os outros mutuamente. O todo evolui através da interação de todas as suas partes. Um olhar mais atento em qualquer campo, cerca viva, pedaço de pântano, nos mostrará o "Sim!" à pertença em ação. Só precisamos deixar que esse poder, que é tão óbvio na natureza, também flua para a cultura humana.

O que vale para uma floresta também vale para qualquer sociedade: nenhum ser vivo pode sobreviver isolado. Mas temos a escolha: podemos com gratidão cultivar as relações que nos fazem participar de uma imensa rede, ou podemos constatar que existem e deixá-las murchar e morrer. Como qualquer floresta, uma cultura evolui e se fortalece através da interação de todos os seus membros. Mas como humanos, temos que usar o poder criativo que realiza esse maravilhoso desdobramento dizendo nosso concordante "Sim!" à pertença. A tradição cristã chama esse Poder Criativo de "Espírito Santo" – o "Espírito Criador". "Mas o fruto do Espírito é amor, alegria, paz, longanimidade, benignidade, bondade, fidelidade, mansidão, autodomínio" (Gálatas 5,22-23). Imaginemos uma sociedade que gera um fruto desse tipo.

"Ninguém pode dizer: 'Jesus é Senhor' a não ser no Espírito Santo", afirma São Paulo (1 Coríntios 12,3). Portanto, a próxima parte do Credo falará de Jesus como "concebido pelo Espírito Santo".

Reflexões pessoais

A *Pietá* de Michelangelo é a representação mais conhecida de Maria, *Mater Dolorosa*, segurando pela última vez o corpo do seu filho crucificado. Repetidas vezes, artistas representaram essa cena com grande sensibilidade, e a dor de inúmeras mães de luto fez que essas imagens fossem muito apreciadas pela piedade popular. A nossa paróquia em Viena acolheu, numa capela especial, uma estátua de madeira da *Mater Dolorosa,* e todo ano na sexta antes da Sexta-feira Santa, milhares de peregrinos vão rezar lá. Em 1944, a rua que leva à nossa igreja viu nessa sexta-feira uma corrente interminável de mulheres de preto, lamentando o massacre de seus filhos e seus netos que tinham sido colocados no exército para servir de bucha de canhão nas guerras de Hitler. Somente um punhado deles poderia saber que três dias antes, numa igreja vizinha, um jovem sacerdote havia sido preso pela Gestapo acusado de grande traição, justamente porque tinha se colocado contra essa escravização e morte de milhões.

O nome do sacerdote era Heinrich Maier. Ele era esse tipo de capelão que estudantes como eu adoravam e admiravam. Enquanto ele celebrava a Eucaristia naquela manhã, três homens entraram na igreja e ficaram diante do altar, com os braços cruzados e as pernas abertas. Essa postura desafiadora foi tudo o que a congregação viu, mas imediatamente depois que o sacerdote deixou o altar e entrou na sacristia, os três homens o prenderam, ainda com suas vestes sagradas, e o levaram. Lisi Irdinger, o ajudante corajoso e inteligente no presbitério, correu para o quarto do padre Maier, pegou os documentos dele e os guardou no quarto do capelão Robert Firneis. O sacerdote havia sido recrutado pelo exército, portanto, o seu quarto não seria vasculhado pela Gestapo. Informantes, contudo, haviam dito às autoridades tudo o que precisavam saber: esse jovem clérigo inteligente, com dois títulos de doutor aos 34 anos, amado por aqueles a quem servia, havia fundado um grupo dentro da Resistência austríaca, tinha feito contato com grupos semelhantes na Alemanha, em particular com membros das uniões católicas, inclusive estava em contato com o Serviço Secreto dos Aliados. Ele havia tentado limitar bombardeamentos indiscriminados de alvos civis ajudando a dirigir ataques aéreos dos Aliados contra fábricas de armamento. Tudo isso foi sem dúvida suficiente para o veredicto de traição e para a sentença de morte por decapitação.

Na Sexta-feira da *Mater Dolorosa* do ano seguinte, o fluxo de peregrinos no vale entre os vinhedos foi simplesmente mínimo. Agora, bombardeios haviam transformado bairros inteiros de Viena em campos de destroços. Embora o exército russo liberador se aproximasse da fronteira húngara, e fosse possível vislumbrar o fim do "Reich Milenar" de Hitler, talvez o pior ainda estivesse por vir. Mesmo assim, como dizíamos na época: "É melhor um fim horroroso do que um horror sem fim". O reino do terror estava de fato caindo. Ainda não sabíamos, mas na véspera, no dia 22 de março de 1945, foi o dia em que a guilhotina na terrível prisão do centro da cidade fez o seu trabalho pela última vez. Tinha parado de vez, mas uma das últimas cabeças a cair naquele dia foi a do padre Heinrich Maier.

Agora quando penso nele, o que lembro se fundiu com o que soube mais tarde: ele estava nu, amarrado na grade da janela da prisão e foi torturado; mesmo sob tortura, ele não traiu nenhum dos seus coconspiradores; um juiz cínico, impressionado com sua coragem resoluta, perguntou: "Se você assume toda a responsabilidade, o que você ganha com isso?" e ouviu a seguinte resposta: "Não precisarei de muito a partir de agora". Lembro que muitos disseram: "Bem, ele arriscou a cabeça, e ela foi cortada. O que ele estava esperando?". Eu também me lembro, foi com heróis como Heinrich Maier que aprendi o que significa reconhecer Jesus como *Senhor*. Ele o fez em voz alta, contam os outros prisioneiros presentes, momentos antes de ser silenciado para sempre.

*

Você e eu ainda podemos nos manifestar. Ainda temos cabeças para arriscar. Quando *nós* nos insurgimos pela última vez contra uma injustiça? Hitler não foi o primeiro nem o último a começar uma guerra de agressão, a convencer o seu povo através de mentiras, e mantê-la pela propagação do medo. Milhões de mulheres lamentam o desaparecimento de seus filhos no auge da vida – tanto hoje quanto antes. A dor das mães nos despertará? Por quem arriscaremos as nossas cabeças – pelos senhores das guerras ou pelo SENHOR da justiça e da paz?

CONCEBIDO PELO PODER DO ESPÍRITO SANTO

O que isso de fato significa?

Observe que CONCEBIDO PELO PODER DO ESPÍRITO SANTO é uma afirmação a respeito de Jesus *adulto*, o Cristo, que é revisto nas suas origens. Ela quer dizer: com Jesus Cristo, um poder de vida divino – o Espírito Santo – atravessa as camadas mortas da história. Isso se expressa na imagem mítica da concepção. Devemos enfatizar, contudo, que a imagem é extraída da mitologia hebraica, não da grega. Isso faz muita diferença. O Credo está enraizado na mente bíblica. Dessa maneira, a ideia de que Jesus poderia ser concebido como, por exemplo, o semideus grego Perseu, que Zeus procriou fazendo chover pingos de ouro em sua mãe, Dânae, seria considerada uma blasfêmia.

O ponto de referência bíblica para a concepção PELO PODER DO ESPÍRITO SANTO é a história da criação no primeiro livro de Moisés. Nele o Espírito de Deus paira como um pássaro-mãe sobre as águas do caos e faz eclodir um cosmo ordenado (Gênesis 1,2). Mais tarde nessa história, Deus pega material desse cosmo e modela um corpo humano; em seguida, Deus insuflou o Espírito Santo – o próprio sopro de Vida de Deus – nas narinas dessa figura, "e o homem se tornou um ser vivente" (Gênesis 2,7). Com esse pano de fundo, a imagem da concepção de Jesus PELO ESPÍRITO SANTO significa que a vida que encontramos nele é o sopro de Vida de Deus que preenche o universo e que torna cada um de nós vivo; mas o que conhecemos como uma centelha da vida divina em nós mesmos, vemos em Jesus Cristo totalmente fulgurante.

Quando chamamos o Espírito de Deus de *Santo*, não aludimos à perfeição moral, mas ao respeito religioso. *Santo* nesse sentido não é um termo ético, mas espiritual. Refere-se ao poder inspirador de temor da vida divina e de amor atravessando as camadas da frieza humana – pessoal e institucional –, e nós o reconhecemos como conceito de Deus realizado em Jesus Cristo e através dele.

Como sabemos que é assim?

O ESPÍRITO SANTO como poder inspirador de temor e de amor é uma realidade que todo ser humano conhece, seja qual for o nome dado a ele. ESPÍRITO é a própria animação da vida. Isso é verdade para cada um de nós. Nós nos diferenciamos somente em relação ao nosso nível de abertura a esse poder. O medo tende a bloquear e fechar o nosso acesso à "vida [...] em abundância" (João 10,10) que Jesus representa. A vida é sempre um processo gradativo; entretanto, devemos respeitar o ritmo do seu movimento. A semente precisa de tempo para crescer. Se cultivarmos pacientemente coragem e abertura, teremos cada vez mais consciência do ESPÍRITO dentro de nós que nos permite conhecer Deus, amar a Deus e prosperar em Deus, porque esse poder desperta o nosso intelecto, a nossa vontade e as nossas emoções.

Há também uma maneira de ver sentido na ideia de que Jesus Cristo foi CONCEBIDO PELO PODER DO ESPÍRITO SANTO. Podemos pensar na sua vida como concebida na mente de Deus como o herói de uma história é concebido na mente do contador. Uma compreensão poética desse tipo aproxima-se muito mais da mentalidade dos escritores do Evangelho do que o literalismo dos intérpretes posteriores. Já foi dito que devemos escolher entre levar o Evangelho a sério ou literalmente. Se nós o lermos com um sentido poético, não seremos capazes de evitar o seu sério desafio. Seremos movidos por sua força e sua delicadeza, o fervor revolucionário e o pacifismo fervoroso da figura imponente de Jesus vivo com o próprio sopro de Vida de Deus. Então, tudo o que é melhor em nós será estimulado não somente através do seu exemplo, mas pelo estímulo do seu próprio ESPÍRITO em nós. Sim, esse ESPÍRITO existe em todos nós; é a própria vida da nossa vida. Pois toda essa realidade que se desenrola em nós e ao nosso redor é uma história de amor, CONCEBIDA por Deus no ESPÍRITO de amor.

Por que isso é tão importante?

O que torna CONCEBIDO PELO PODER DO ESPÍRITO SANTO uma frase tão importante é o seguinte: coloca diretamente o Credo na tradição perene da espiritualidade mística. O Credo introduz aqui o ESPÍRITO SANTO, sem qualquer explicação adicional desse termo. Pressupõe que sabemos por experiência de que se está falando. Dessa forma, liga a profissão de fé à experiência de conhecer, amar e desfrutar de Deus em nossos corações. Mas isso é vida mística – a consciência da vida de Deus dentro de nós.

O Credo antecipa aqui a frase que vem mais adiante "Creio no Espírito Santo", o que implica fé em Deus como "trino" – "Pai", o mistério supremo de saber de quem vimos e para quem nos dirigimos; "Filho", em quem encontramos o nosso verdadeiro Eu; e "Espírito", a animação divina dentro da nossa própria vida mais íntima. Aqui tocamos no ponto crucial da fé.

A frase CONCEBIDO PELO PODER DO ESPÍRITO SANTO expressa implicitamente a nossa confiança na descoberta do Espírito divino que aconteceu na história através de Jesus Cristo, digamos, quando ele tocou os intocáveis, sentou-se à mesa com os pecadores, deu às mulheres a mesma condição que a dos homens. Isso implica o nosso comprometimento com a luta espiritual que essa descoberta acionou através dos séculos e até o nosso momento presente; pensemos, por exemplo, em Dorothy Day e seu testemunho pela paz; em Cesar Chavez, que restabeleceu a dignidade dos trabalhadores rurais; em Madre Teresa, que serviu os mais pobres. Essa frase do Credo não é sobre uma informação genética (inverificável) relativa a Jesus. Devidamente compreendida, ela liga visão mística e ação firme no mundo. Como surgiu então o Movimento contra a Escravidão, o Movimento pelos Direitos Civis, o Movimento da Liberação das Mulheres, a Liberação dos Gays, qualquer movimento pela paz, o movimento ecológico global? Como esses movimentos surgiram a não ser CONCEBIDOS PELO PODER DO ESPÍRITO SANTO? Essas palavras do Credo se tornaram a proclamação da nossa própria relação dinâmica com o Espírito. Ao pronunciá-las, nós nos comprometemos a realizar o que o Espírito concebeu e o que Jesus mostrou com sua vida e sua morte.

Reflexões pessoais

O conceito de conexão pode nos ajudar a entender as obras do Espírito Santo no mundo. Embora não tenhamos que esperar muito de um conceito; ele pode levar no melhor dos casos a uma apreciação intelectual. A verdadeira compreensão resulta somente da experiência pessoal. Visto que experimentamos conexões ininterruptas em tudo o que fazemos, a nossa tendência é aceitá-las como algo natural. Afinal, tudo está ligado a tudo. Portanto, vale a pena observar os momentos em que desavisadamente uma conexão surpreendente chama a nossa atenção. Por exemplo, em momentos chamados por C. G. Yung de *sincronicidade*, as conexões se intensificam.

É bem provável que você se lembre de suas próprias experiências sincrônicas. Só para ilustrar, vou relatar uma das muitas de que me lembro. Nos anos 1990, tive o privilégio de dar uma palestra em Schumacher College, em Devon. Essa parte do sudoeste da Inglaterra é uma ótima região para caminhadas. Como eu tinha dois dias consecutivos livres, William Thomas, um membro da equipe de quem eu tinha me tornado amigo, ofereceu-se para ser meu guia na selvagem e maravilhosa parte elevada do Dartmoor National Park.

Quando estávamos caminhando lado a lado nessa paisagem de beleza inóspita e árida, falamos sobre muitas coisas, e o tema da sincronicidade veio à tona. William falou-me de um professor da Índia que trabalhava nas ruas de Londres com pessoas "quebradas", assim ele as caracterizava. Naquele momento, William colecionava termos para "borboleta" em diversos idiomas – *mariposa, farfalla, Schmetterling, papillon* – ele perguntou então àquele professor como se chamava borboleta no dialeto da região onde cresceu na Índia. "Bem", o homem respondeu, "faz tempo que não falo a minha língua nativa, deixe-me ver – borboleta, borboleta?". Naquele momento, William me disse, como se tivesse sido chamada por seu nome, uma borboleta apareceu do nada e pousou no peito do professor. Além disso, essa borboleta tinha uma asa quebrada, como se estivesse ligada às pessoas "quebradas" tão próximas do coração do professor.

Pareceu-me um exemplo impressionante de sincronicidade, mas o que aconteceu enquanto William estava me relatando isso foi ainda mais impactante. Não tínhamos visto muitas borboletas, se é que vimos alguma, durante a nossa caminhada de dois dias, mas enquanto ele falava sobre borboletas, vi uma batendo as asas em nossa direção. No momento em que William estava dizendo "e a borboleta pousou no peito do professor", a borboleta estava bem na minha frente – "Não, não, isso não pode ser verdade!", gritei dentro de mim mesmo – pousou no meu coração.

Conexão era um conceito crucial também no pensamento teológico de Thomas Merton. Ele tinha consciência profunda de que no Espírito Santo tudo estava ligado a tudo. Passamos momentos juntos em *Redwoods Monastery* no norte da Califórnia pouco tempo antes de sua viagem ao Extremo Oriente, de onde nunca voltou. O tema das conexões era importante nas nossas conversas, e naquele momento Merton estava celebrando a Eucaristia na capela do mosteiro. A divisória atrás do altar era toda de vidro e dava para um bosque de sequoias. Raios de sol passavam pelos galhos das árvores antigas. O Evangelho daquele dia falava do Reino de Deus como o Grande Banquete de Casamento. Não podíamos realmente imaginar a forma surpreendente como a conexão entre aquele Evangelho e a paisagem ao nosso redor logo seria evidenciada para nós – a conexão entre a liturgia e o comportamento instintivo, entre um ritual humano e um ritual de insetos. Na hora da comunhão, um espetáculo fascinante chamou a nossa atenção. Em perfeita sincronia com a nossa procissão para a comunhão, havia outra procissão de formigas voadoras – milhares de asas minúsculas e brilhantes na clareira da floresta.

Em momentos como esse, acordamos para o milagre da conectividade, mas mesmo quando não estamos acordados para ele, um entrelaçamento de todas as coisas e todos os fatos está constantemente acontecendo. Como Deus é amor, e amor é o Sim à pertença, o ESPÍRITO SANTO de Deus é o poder que anima a mais profunda pertença. Jesus defendeu o amor, a pertença e a conectividade no poder do ESPÍRITO SANTO; dessa forma, a sua vida – a partir de sua própria concepção – pode ser compreendida como CONCEBID[A] PELO PODER DO ESPÍRITO SANTO, como a realização na história de algo que Deus CONCEBEU de forma atemporal.

O conceito de história do Espírito não é um plano, trata-se antes de uma inspiração e um convite para a improvisação. A história da Anunciação do Evangelho fala desse tema claramente, pois implica que o Sim que Maria disse produziu um efeito no plano de Deus. Conexões concebidas pelo Espírito Santo não são mecânicas, como rodas que se encaixam no mecanismo de um relógio; são muito semelhantes aos laços que celebramos numa festa de casamento. Quando estabelecemos conexões de amor e amizade, de solidariedade e cuidado, podemos sentir o poder do Espírito pulsando através dos nossos corações. Nesses momentos, temos um leve indício do tipo de mundo que Deus concebeu e quer que percebamos no poder do Espírito. Jesus vislumbrou o conceito de mundo de Deus. Ele o chamou de Reino de Deus. Fazendo os nossos esforços humanos cultivarem conexões afetuosas e relações carinhosas, podemos dar origem a esse mundo CONCEBIDO PELO PODER DO ESPÍRITO SANTO.

*

E você? Você já teve a experiência de uma conexão que parecia pedir uma expansão da nossa visão de mundo demasiadamente limitada? (Em minhas reflexões acima, usei um exemplo desse tipo – sincronicidade – para indicar uma conexão ainda mais profunda de todos com todos através do ESPÍRITO SANTO). Quando você lê as histórias da infância de Jesus nos Evangelhos segundo Mateus e Lucas, parece que querem nos dizer algo sobre Cristo *adulto*, você se sentiu enriquecido ou desprovido de uma abordagem mais simples, importante para você, ou quem sabe um pouco dos dois? Quem, além de Jesus, vem à sua mente quando você pensa no ESPÍRITO SANTO irrompendo através das camadas da frieza humana? (Pense, não somente nos santos das diversas tradições, mas em grandes artistas, estadistas, cientistas e músicos.) Você conhece movimentos populares (facilitados talvez pela internet) que lhe parecem ser CONCEBIDOS PELO PODER DO ESPÍRITO SANTO?

NASCEU DA VIRGEM MARIA

O que isso de fato significa?

Resumindo, NASCEU DA VIRGEM MARIA significa que o nascimento de Jesus Cristo – no mundo assim como nos corações que confiam nele – marca o frescor do orvalho da alvorada de um novo começo. O nascimento virgem é uma imagem mítica de todo um novo início.

"Mítico?" alguém pode perguntar. "Você quer dizer que essa doutrina não é verdadeira?" Ao contrário. Uma imagem mítica transmite muito mais verdade do que uma afirmação abstrata – contanto que não a interpretemos ao pé da letra. Se a frase NASCEU DA VIRGEM MARIA fosse um relato ginecológico, então a frase "Eu lhe dou meu coração" teria que fazer alusão a um transplante de coração. Nos dois casos, estamos lidando com linguagem poética. Nenhuma outra forma de expressão pode conter tanto significado em tão poucas palavras. Essa é a razão pela qual esbanjamos poesia quando estamos apaixonados. A poesia pode conter muito mais verdade do que um relato. O mito é a expressão de percepções que têm muito valor apenas para a linguagem poética.

Numa sociedade que funciona num nível de consciência em que contos míticos não são diferenciados de relatos de fatos históricos, ninguém terá dificuldade de declarar que Jesus NASCEU DA

VIRGEM MARIA. Num nível mais sofisticado de compreensão, essa afirmação ainda é considerada como verdadeira, mas agora as pessoas fazem a distinção entre mitos e fatos e rejeitam histórias míticas por não terem ocorrido literalmente da forma como foram contadas. Somente no próximo nível de consciência surge a percepção de que os mitos contêm a verdade. Essa verdade mais profunda se revela somente quando não interpretamos os mitos de forma literal. Aqueles que atingem esse nível são capazes de lidar de maneira construtiva com desavenças entre os ensinamentos de distintas tradições. Percebem que histórias totalmente diferentes podem transmitir uma mensagem semelhante. Isso é extremamente importante para o diálogo entre as religiões.

Evidentemente, nem todos os membros de um grupo social têm um mesmo nível de desenvolvimento. As escolas poderiam dar uma contribuição decisiva no que se refere à tolerância se alimentassem o apreço pela poesia. Temos uma necessidade gritante de um sistema escolar no qual o desenvolvimento de uma mente poética é valorizado. Uma visão de poesia é indispensável para a compreensão de mitos.

Como sabemos que é assim?

Se a afirmação de que Jesus foi concebido e nasceu de uma virgem tivesse que ser vista como um relato fisiológico, simplesmente não poderia ser verificado. Qualquer tentativa de entendê-lo dessa forma cai por terra ao perguntarmos: "Como você sabe?". Como imagem mítica, contudo, o nascimento virgem traz uma mensagem clara e valiosa: está acontecendo aqui e agora um novo começo muito importante. Os criadores de mito inventaram muitas variações desse tema. Uma virgem pode ser fecundada por um raio de sol; ela pode engolir um seixo e dar à luz um *Stone Boy*, um homem pedra; ela pode conceber no seu sonho; um deus pode fazer dela uma mãe deixando cair uma chuva de ouro nela, ou um anjo pode pedir o seu consentimento (que respeito pela dignidade humana!) para que dê à luz o filho de Deus.

Para entender essas imagens da forma como foram concebidas, devemos desenvolver uma sensibilidade para a linguagem poética, a linguagem do mito. Imagens míticas falam ao nosso intelecto através de nossa sensibilidade poética, e essa sensibilidade precisa ser cultivada. Isso pressupõe certo grau de maturidade. Na puberdade, o jovem rejeita contos de fadas como uma mentira; só mais tarde essa verdade mais profunda começa a ser compreendida. Para entender o Credo, a Bíblia ou qualquer texto sagrado da humanidade, é preciso estar em sintonia com a linguagem do mito. Essa sintonia significa levá-los a sério, e não interpretá-los ao pé da letra.

O sentido usado quando falamos de neve virginal onde nenhum esquiador deixou vestígios, ou de uma página virginal num novo livro em branco, *virginal* também pode significar receptividade não preconceituosa. A experiência nos ensina que encontrar ideias novas e significativas requer uma atitude interior imparcial na sua receptividade e materna no seu cuidado que nutre uma percepção embrionária. Uma atitude semelhante caracteriza a atitude mais frutífera em relação às pessoas que encontramos num nível mais profundo. Quando um amigo nos recebe com um coração de aceitação e carinhoso, começamos a nos conceber de uma nova maneira, e o nosso Eu autêntico se mostra. Dessa forma, amigos de verdade tornam-se mães uns dos outros. Assim, podemos conhecer um significado mais profundo do "nascimento virgem", aquele que pode ser verificado a partir da experiência pessoal e faz diferença na vida cotidiana.

Por que isso é tão importante?

Para ser suficientemente relevante pelo lugar que ocupa no Credo, NASCEU DA VIRGEM MARIA deve ter uma importância que vai muito além do seu significado literal. Uma breve síntese do que quer dizer pode ser a seguinte: Fé em Deus (e o Credo gira somente em torno disso) adquire uma dimensão histórica através de Jesus Cristo, e essa nova espiritualidade requer que tenhamos uma disponibilidade virginalmente nova para recebê-la. A palavra-chave é *Inovação*.

Certo, mas tudo isso não poderia ser dito de forma mais direta? Isso não poderia se expressar em imagens mais acessíveis às pessoas no terceiro milênio do que o mito arcaico do nascimento virgem? A resposta para essas questões é um "Sim!" determinante. Portanto, por que se agarrar à fórmula NASCEU DA VIRGEM MARIA? A resposta dependerá da nossa compreensão do que "agarrar-se" significa nesse contexto. Há muitas maneiras de agarrar-se, do desesperado agarrar-se a uma prancha de salvação do nadador que está afundando, à leveza alegre com a qual bailarinos se seguram num balé. Para mim, a maneira mais adequada de agarrar-se às palavras e às imagens do Credo é a firmeza delicada com a qual um arqueiro segura a flecha no momento de soltá-la. Com essas palavras e essas imagens, visamos a uma compreensão que somente podemos alcançar combinando com refinada sensibilidade o segurar e o soltar.

Para uso particular, eu recomendaria a todos os leitores deste livro que escrevam o seu credo pessoal com suas próprias palavras. Pode-se repetir esse exercício a cada aniversário. Não devemos esperar que nossa fé cresça, amadureça e mude através da experiência da vida e que mesmo assim permaneça igual? Afinal, os nossos corpos ficam iguais por toda a vida, apesar de cada célula mudar e se renovar. Reescrever o nosso credo pessoal e fazer disso um elemento das nossas celebrações particulares de aniversário nos ajudaria a compreender de maneira ainda mais profunda o que o padre franciscano Richard Rohr coloca tão bem: "Deus se apresenta a você disfarçado na sua vida". Para os olhos da fé, isso é óbvio. A nossa situação de vida muda constantemente; a nossa vida está ancorada na presença do Agora de Deus imutável.

Reformular a nossa fé pessoal continuamente é não somente justificável, mas necessário. Por que, então, não fazer o mesmo com o Credo oficial que recitamos na igreja? Minha contrapergunta: por que ainda acendemos velas na era de luz elétrica? As chamas da vela refletidas nos nossos olhos quando estamos sentados ao redor de uma mesa festiva são chamas de fogueiras em torno das quais nossos antepassados se sentavam mil anos antes de nós. Em ocasiões festivas, nós, seres humanos, temos tendência a nos agarrar a formas tradicionais. Desse modo, em ocasiões festivas significa algo para mim professar a minha fé em palavras e imagens que eram veneráveis para os meus antepassados cristãos ao longo de séculos. No Credo, eles passaram para mim um texto que se tornou venerável através de sua origem, sua história e sua distribuição mundial. Seja como for, decidi entender esse texto, não substituí-lo. Dessa maneira, acho que esse texto venerável se tornou transparente, portanto mais venerável ainda. Suas declarações de crença tornaram-se transparentes para a fé que expressam. E embora as crenças pertençam somente aos cristãos, a fé subjacente é a relíquia mais preciosa de cada criança nascida neste mundo; ela nos une e nos torna humanos.

Por que deveríamos abandonar a frase NASCEU DA VIRGEM MARIA por causa daqueles que a levam ao pé da letra, afirmando-a ou negando-a com base num mal-entendido? A todo instante, a eternidade irrompe no tempo. A imagem do nascimento virgem nos permite celebrar cada novo começo numa forma poética insubstituível que fala não somente à nossa mente, mas também ao nosso coração.

Há mais uma razão que vale a pena tratar na frase NASCEU DA VIRGEM MARIA, talvez a razão mais convincente hoje. Por trás da imagem do nascimento virgem há a imagem da Anunciação no Evangelho segundo São Lucas (capítulo 1). Nele, Maria é convidada a dizer um Sim livre ao convite de participar do plano concebido por Deus. São Lucas descreve a Virgem Maria como uma mulher que tem a liberdade de decidir se ela quer conceber e dar a luz no mundo para a Palavra de Deus. O que São Lucas projeta aqui da vida de Jesus adulto para as suas origens é revolucionário: ele deu às mulheres condições iguais às dos homens. E há mais ainda. Desde o começo, as mulheres – independentemente dos homens – eram receptivas à mensagem de Deus como Jesus a proclamou e lhe deu forma tangível no mundo ao redor delas. Quantas mulheres oprimidas e exploradas ao longo da história devem ter encontrado consolo e força nessa passagem do Credo? Isso pode nos dar ainda coragem e esperança na luta das mulheres contra estruturas de poder na Igreja e no mundo em geral. Para mim, isso é um ponto que vale a pena ressaltar.

Reflexões pessoais

Parece-me surpreendente que a devoção popular tenha se voltado para uma cena na vida da Virgem Maria mais do que para todas as outras juntas: a Anunciação. Na arte cristã, a imagem do encontro de Maria com o Arcanjo Gabriel, como está relatado no primeiro capítulo do Evangelho de São Lucas, é um tema de predileção, século após século. Quem viaja pela Europa o encontra em cada esquina, igrejas, museus, santuários de beira de estrada e nas paredes das casas. Mais surpreendente ainda: de manhã, ao meio-dia, à noite, os sinos das igrejas tocam em cada vilarejo e cidade para comemorar a mensagem de Gabriel para Maria e a sua resposta. *Angelus* [O Anjo do Senhor], como essa oração é chamada, representa o paralelo cristão dos tempos de oração sagrados no islã e em outras tradições. Em três pontos cruciais do dia – quando a noite se transforma em manhã, o meio-dia, e quando a tarde se transforma em noite – a oração *Angelus* celebra a erupção da eternidade no tempo e nos faz lembrar de viver no Agora.

A forma tradicional do *Angelus* é simples. Três versos pequenos, repetidos juntos a cada momento da oração, constituem o essencial.

"O anjo do Senhor anunciou a Maria. E ela concebeu do Espírito Santo." Este primeiro verso determina a cena. O segundo cita o Evangelho e nos convida a fazer da resposta de Maria a nossa própria: "Eis aqui a serva do Senhor. Faça-se em mim segundo a vossa vontade". E o terceiro verso – este do Prólogo do Evangelho segundo São João – explica o que aconteceu então e está para acontecer agora se formos receptivos como Maria: "E o Verbo se fez carne. E habitou entre nós". Esses três versos estão interligados por uma recitação tripla da Ave-Maria, composta na sua grande parte de palavras de Gabriel para Maria.

Tendo aprendido essa oração na infância, posso dar provas de seu poder de dar uma estrutura estável para o dia a dia e trazer-me de volta, apesar de todos os altos e baixos do tempo, ao Agora. Quando o Verbo se fez carne, se não agora? Como isso deveria acontecer, se não for através de abrir-me para o Espírito? E o que traria mais importância uma mudança na minha vida ou no mundo ao meu redor? Ao som dos sinos, a oração *Angelus* ritualiza a história da Anunciação, permitindo assim que seu poder revigorante penetre em nossas vidas. Orar não somente quando temos vontade de orar, mas *quando é a hora*, quando o sino toca, isso coloca nossas vidas em sintonia com o ritmo cósmico do tempo e das estações. Estamos fincados na realidade maior que sustenta a nossa ínfima existência.

Dos meus primeiros dias de escola primária, lembro-me uma vez de olhar de uma janela alta para a calçada entre os prédios da escola. Nesse momento, o sino do *Angelus* do campanário da igreja tocou. Todos os movimentos pararam. De cima, parecia que o movimento agitado de um formigueiro ao meio-dia de um dia de verão tinha subitamente parado. Mas não era um silêncio sepulcral, era um silêncio vitalizante, como o do ferreiro do vilarejo ao parar para respirar longamente.

Lembro-me também de um dia festivo no início dos anos 1980, quando Bernie Glassman Roshi, um professor zen-budista que admiro por seu profundo engajamento social, estava sendo ordenado abade de

Greystone Mandala em Nova York. Professores zen-budistas de terras distantes tinham vindo para esse ritual. Suas maravilhosas túnicas douradas, os arranjos de crisântemos, as velas e as nuvens de incenso me lembravam vividamente uma missa solene numa catedral católica ou anglicana – em particular, o silêncio sagrado entre os cantos. No meio desse silêncio, de repente o som do bipe do relógio de pulso de alguém disparou. Opa! O único a fazer era ter pena do proprietário daquele relógio amaldiçoado. Mas Bernie Glassman falou e anunciou: "Foi o meu alarme. Jurei interromper o que estivesse fazendo ao meio-dia em ponto para ter pensamentos de paz. Juntem-se a mim por um segundo, por favor, para fazer o mesmo. O nosso mundo precisa disso".

*

E você? Você encontra tempo para parar e respirar profundamente? Você reserva momentos do seu dia para parar o tempo? O mundo precisa continuamente do nosso esforço consciente para voltar para o Agora em receptividade virginal para o poder criativo do Espírito.

PADECEU SOB PÔNCIO PILATOS

O que isso de fato significa?

Significa, primeiramente, que lidamos aqui com a dura realidade. Nas duas frases anteriores, fizemos assim também, mas era menos óbvio porque se tratava de escrita poética. Esta nos lembra que a nossa fé está ancorada em fato – em eventos datáveis historicamente. Colocar a metáfora e o relato de fatos lado a lado como aqui produz um efeito praticamente cômico, como na frase: "A lua, confidente sorridente de amantes secretos, gira em torno da terra a uma distância média de 384.403 quilômetros". Aqui no Credo, a justaposição tem um propósito: ela nos faz lembrar que as duas maneiras de falar devem ser vistas delicadamente, denotam coisas além de si mesmas.

PADECEU SOB PÔNCIO PILATOS especifica um fato histórico, embora enquanto tal um fato histórico não tenha justificativa para ser mencionado aqui. Afinal, o Credo não é uma enumeração de fatos que os cristãos aceitam como verdadeiros, é antes uma profissão de fé em Deus multifacetada – o seu único tema – que é reformulada em cada uma de suas frases sob um prisma diferente. Então, como Pôncio Pilatos surge repentinamente no Credo?

Podemos encontrar a resposta para essa questão observando a tensão entre essa frase e a anterior, entre nascimento virgem e Paixão.

Essa tensão é fundamental para a vida da fé e uma compreensão de dois extremos de vida no Espírito. Essa frase chama a nossa atenção para polos opostos: na anterior, a mulher que dá a vida, nesta, o homem que mata; na anterior a virgem vulnerável, nesta, o político poderoso; na anterior, um novo começo no poder do Espírito, nesta, a sua destruição pelo espírito do poder. Como Jesus significa a ordem mundial de Deus, ele deve entrar em conflito com uma desordem que se chama de ordem. Nessa colisão, entretanto, ele naufraga.

Todo o mundo conhece a famosa equação de Einstein: $E = mc^2$, mas ele também leva o crédito de uma menos famosa: $a = x+y+z$. "Se a significa sucesso", então Einstein explicou que "x significa esforço, y significa relaxamento e z significa ficar com a boca calada". Jesus não seguiu esse conselho pragmático. O que concebeu em silêncio através do Espírito Santo, ele proclamou abertamente através de palavras e atos. Todos aqueles cuja fé em Deus encontra expressão na sua fé em Jesus Cristo que PADECEU SOB PÔNCIO PILATOS devem perceber o que está por vir. Cidadãos, por exemplo, que se opõem ao uso de tortura por parte do seu governo, assumem o tipo de postura que Jesus teve. Eles se comprometem a defender a justiça, a compaixão e a paz, guiados pelo Espírito – como Jesus "que deu testemunho diante de Pôncio Pilatos numa bela profissão de fé" (1 Timóteo 6,13), que selou o seu testemunho com o seu próprio sangue.

Mencionar Pôncio Pilatos pelo nome no Credo significa que sei quem são os líderes deste mundo – de antes e de agora –; eu os conheço pelo nome e sei quais sofrimentos podem infligir naqueles que se rebelam; contudo, deposito minha confiança suprema em Jesus Cristo, o oprimido. Isso significa que sei o que aconteceu com ele e que é provável que aconteça de uma forma ou de outra com seus verdadeiros seguidores, mesmo assim, eu me comprometo, como é o caso dos *quakers* a "dizer a verdade aos poderosos".

Como sabemos que é assim?

A realidade externa afirmada aqui – o fato de que Jesus sofreu sob o poder de um representante do Império Romano, chamado Pôncio Pilatos, que governou a Judeia de 26 a 36 da Era Cristã – está sujeita à verificação histórica. Há mais pesquisa especializada sobre esse tema hoje do que em todos os séculos passados, e os resultados positivos estão disponíveis para os leitores em geral. (Um livro que desenvolve as perspectivas históricas da paixão de Jesus é *The Last Week: What the Gospels Really Teach about Jesus's Final Days in Jerusalem*, de M. J. Borg e J. D. Crossan.)

A realidade interna do conflito entre Jesus Cristo e Pôncio Pilatos tornou-se acessível para nós quando comparamos dois conjuntos de valores – os do Reino de Deus, como Jesus o proclamou, e os de cada sistema de dominação na história; valores como compaixão, beleza e verdade, que experimentamos nos nossos momentos mais vivos –, nossas experiências extremas e os valores (ou falta de valores) através dos quais o mundo que criamos é basicamente governado. (Aqui, também, eu recomendaria um pequeno livro que se tornou um clássico, *Religions, Values, and Peak-Experiences*, de Abraham Maslow.)

A experiência cotidiana nos mostra como é difícil defender esses valores espirituais com os quais nos sentimos comprometidos quando estamos bem. Sempre que temos que nadar contra a corrente em nome de nossas convicções mais profundas, sabemos por que Jesus PADECEU SOB PÔNCIO PILATOS. A segunda epístola a Timóteo declara uma verdade que continua tão válida hoje quanto nos tempos do Novo Testamento: "Aliás, todos os que quiserem viver com piedade em Cristo Jesus serão perseguidos" (2 Timóteo 3,12).

Gandhi, Martin Luther King, Cesar Chavez, Rosa Parks, Dorothy Day, Karen Silkwood, os desaparecidos das ditaduras da América Latina que foram secretamente raptados e mortos por lutarem por direitos humanos básicos, e vários outros são vítimas, todos eles, do poder representado no Credo por Pôncio Pilatos.

Por que isso é tão importante?

Quando o Credo afirma que Jesus PADECEU SOB PÔNCIO PILATOS, não somente indica "todas as coisas que Jesus fez e ensinou" (Atos dos Apóstolos 1,1), mas também, e antes de qualquer coisa, o que aconteceu com ele por causa disso. Isso é importante porque nos mostra o preço de ser discípulo – o preço que Jesus teve que pagar pela posição que assumiu, por conseguinte o preço que qualquer um de nós tem que estar preparado a pagar ao assumir a posição com ele.

Essa passagem do Credo forma uma unidade com as duas anteriores. Juntas esclarecem o que a vida como filhos de Deus requer de nós: sermos guiados pelo Espírito Santo de Deus, dar nascimento a Cristo no nosso mundo e suportar as consequências apavorantes embora sejam gloriosas.

1. Jesus foi CONCEBIDO PELO PODER DO ESPÍRITO SANTO e "levado pelo Espírito" (Mateus 4,1), e "Todos os que são conduzidos pelo Espírito de Deus são filhos de Deus" (Romanos 8,14).

2. NASCEU DA VIRGEM MARIA, Jesus veio ao mundo, contudo, muito tempo antes desse fato, e depois ao longo da história, a Palavra de Deus se transformou em carne sempre que os homens corajosamente disseram "Sim", como Maria fez, para o Espírito que "sopra onde quer" (João 3,8). "A criação em expectativa anseia pela revelação dos filhos de Deus [...] Pois sabemos que a criação inteira geme e sofre as dores de parto até o presente" (Romanos 8,19.22).

3. O sofrimento de Jesus sob Pôncio Pilatos fazia parte dessas dores do nascimento, exatamente como "todos os que quiserem viver com piedade em Cristo Jesus serão perseguidos" (2 Timóteo 3,12). Mas junto com o apóstolo Paulo podem dizer: "Regozijo-me nos meus sofrimentos [...] completo o que falta às tribulações de Cristo" (Colossenses 1,24). Todo o sofrimento faz parte de um processo grandioso. Eckhart Tolle expressa isso de maneira sucinta: "Você está aqui para permitir que o propósito divino do universo se desenvolva". Sofrer – como dores intensas de parto – é necessário para o desenvolvimento desse propósito inacreditavelmente glorioso. "Os sofrimentos do tempo presente não têm proporção com a glória que deverá revelar-se em nós" (Romanos 8,18).

Vale a pena anunciar mais uma razão neste ponto: PADECEU SOB PÔNCIO PILATOS ancora firmemente a realidade transcendente na história. Para nós, não menos do que para Jesus, a história é o estágio em que as nossas convicções espirituais são colocadas à prova. Jesus foi executado por um representante do sistema de dominação que é tão poderoso agora quanto na época. Ao colocar, contudo, a nossa fé nele, expressamos a nossa fé de que a fraqueza de Deus é mais forte do que o poder do homem (1 Coríntios 1,25). Vinte e cinco séculos atrás, o sábio taoista Lao-Tsé da China antiga expressou a mesma visão (sem usar a linguagem de Deus) nas palavras de *Tao Te King*: "Nada no mundo é tão suave e flexível quanto a água. Contudo, para dissolver o duro e o inflexível, nada é superior a ela. O fraco supera o forte; o suave supera o rígido. Todo o mundo sabe que isso é verdade, mas poucos podem colocar em prática" (capítulo 78). Aqueles que colocam esse princípio em prática são homens e mulheres de fé. Como poderiam fazer isso sem fé autêntica, sem confiança corajosa numa fidelidade suprema no âmago da realidade? Jesus e Paulo confiaram nessa fidelidade como fidelidade de Deus. O que importa, contudo, é a fé, não o nome que damos ao ponto de referência dessa fé, pois afinal isso é inominável.

Aqueles que confiam que "o fraco supera o forte; o suave supera o rígido" podem não ver essa verdade constatada pelo sucesso exterior; Jesus não o fez; Paulo tampouco. Contudo, dirão junto com Paulo, "Quando sou fraco, então é que sou forte" (2 Coríntios 12,10), e essa convicção lhes dará mais força interior do que a de qualquer tirano. A história mostrou isso quando Joana d'Arc e Giordano Bruno morreram nas chamas da Inquisição e quando Etty Hillesum e Edith Stein morreram em campos de concentração nazistas – completamente fracos, mas infinitamente mais fortes do que aqueles que os mataram. A história ainda está mostrando isso, pois podemos estar certos de que nesse mesmo dia Cristo está padecendo em algum lugar sob algum Pôncio Pilatos.

Dessa maneira, essa passagem do Credo tem uma importância que é muito mais profunda do que o seu sentido literal. O sofrimento de Jesus pode dar coragem a todos aqueles que no meio do sofrimento continuam fiéis à sua visão de um mundo curado, completo e sagrado.

Reflexões pessoais

A referência a Pôncio Pilatos é fundamental, pois especifica justamente o tipo de sofrimento sobre o qual o Credo fala. É o sofrimento imposto pelos poderes que dominam o nosso mundo a todos aqueles que lutam pela libertação. Esse foi o sofrimento de Jesus e continua sendo o sofrimento fundamental daqueles que o seguem através dos séculos. Mas o sistema de dominação é somente a expressão mais óbvia do tipo de mundo que criamos quando esquecemos o nosso verdadeiro Eu e identificamos o nosso pequeno ego na sua alienação. A libertação dessa alienação significa o fim do sofrimento. A compaixão guia aqueles que alcançaram a libertação para dividir a dor dos outros na luta pela libertação da alienação. Esses são os bodisatvas que retrocedem da fronteira da felicidade para ajudar todos os outros a alcançar a mesma felicidade. Por mais que sua compaixão mergulhe no sofrimento, ela continua radiante em razão da alegria que já experimentaram. É aqui que os arquétipos de Cristo e de bodisatva se encontram.

Para muitos que tiveram o privilégio de conhecer Sua Santidade o Dalai Lama, ele é a personificação do ideal bodisatva. Tive esse privilégio pela primeira vez quando ele encontrou um pequeno grupo no Green Gulch Zen Center, perto de São Francisco. Um membro do grupo usou essa oportunidade para opor a tradição budista à cristã. "Os budistas nos ensinam tão bem a superar o sofrimento", ele disse. "O que a Sua Santidade tem a dizer aos cristãos que por dois mil anos estão se comprazendo na dor?" (Essencialmente essa era a questão, mas eu me recordo palavra por palavra da resposta.) "Bem, devemos nos lembrar", o Dalai Lama retorquiu, "de acordo com o ensinamento budista, que o sofrimento não é resolvido deixando a dor para trás; o sofrimento é resolvido suportando a dor de outros." Numa declaração tão sucinta, esse grande mestre conseguiu expressar a convicção compartilhada tanto por budistas quanto por cristãos.

*

Independentemente do seu passado, você pode se lembrar na sua vida de um exemplo de dor suportada com tanto amor que o sofrimento foi superado? As mães se lembram do nascimento de um filho; professores se lembrarão de quanta dor de cabeça pode ser superada quando a suportamos com amor por nossos alunos. Você se lembra de fotos de manifestantes dos direitos civis em Selma, Alabama, derrubados por rajadas de mangueiras de incêndio e mordidos por cachorros da polícia? Você já participou de alguma manifestação pública para a paz e justiça ou alguma outra causa? Onde você viu pessoalmente (por exemplo, no jornal da noite) Cristo sofrer sob a dominação de algum Pôncio Pilatos?

FOI CRUCIFICADO

O que isso de fato significa?

A crucificação de Jesus demonstra que o poder da ocupação romana de Israel no primeiro século o considerava politicamente perigoso. A pena capital para transgressores religiosos não era a crucificação, mas o apedrejamento até a morte. O poder político assim como o religioso do seu tempo viam os ensinamentos de Jesus como incendiários, e suas ações como insurrecionais. Se o Reino de Deus – tão essencial para a sua mensagem em palavras e ações – tivesse sido simplesmente um ideal de outro mundo, certamente ele não teria sido executado por causa disso. A sua crucificação pelos esforços conjuntos do sinédrio judaico e do governador romano mostra que tanto as autoridades religiosas quanto políticas consideravam Jesus subversivo.

Tudo isso é mais uma questão de conhecimento do que de fé. Se FOI CRUCIFICADO foi visto como valioso para ser mencionado no Credo, uma profissão de fé solene, deve haver mais conteúdo nisso do que informação histórica. Cada frase do Credo trata do único e mesmo tema: fé em Deus. Então, qual é a implicação da crucificação de Jesus para essa fé?

Para responder a essa pergunta temos que voltar para o essencial E através do qual o Credo inclui a fé em Jesus Cristo na fé em Deus. Essa inclusão se tornou possível somente porque a vida humana pode se tornar transparente para a vida de Deus, e assim foi em Jesus Cristo. Portanto, quando professamos que a presença tangível de Deus (1 João 1,1) no mundo foi CRUCIFICADA, expressamos a nossa fé de que podemos encontrar Deus no destino mais abominável. No meio da crucificação – uma cena que aparentemente escancara a ausência de Deus – Deus está presente. Quando dizemos as palavras FOI CRUCIFICADO no Credo, temos a oportunidade de ter consciência de que não há nada mais terrível na vida ou na morte do que ser impossibilitado de ir em sua direção depositando confiança na presença de Deus – não há nenhuma injustiça, dor, catástrofe na qual e através da qual não possamos encontrar Deus. Isso dá a inúmeros homens e mulheres de fé um sentido de paz e proteção em suas horas mais difíceis.

O simples FOI CRUCIFICADO diferencia esse primeiro Credo de outros que vieram mais tarde que acrescentaram "por nós" ou "por causa dos nossos pecados". Isso implica que a fé como proclamamos aqui está aberta a uma variedade de possíveis interpretações da crucificação; não se fixa em nenhuma delas. Veremos mais tarde como esse último ponto é importante.

Como sabemos que é assim?

Historiadores nos informam sobre a prática da crucificação na lei romana. Era a pena capital dada aos escravos rebeldes e insurgentes contra a ocupação romana. Era uma punição aplicada em casos de crimes capitais contra a ordem imposta pela autoridade política de Roma. A morte de Jesus numa cruz é um fato histórico bem atestado.

Mas por que Jesus se tornou tão perigoso politicamente? Foi sua postura religiosa radical. Sam Keen diz isso de maneira sucinta: "Religião radical, ao contrário de religião cultural, sempre é revolucionária". Religião radical refere-se a viver corretamente tanto quanto a ensinar corretamente; refere-se à justiça social tanto quanto à integridade pessoal; é necessário um esforço permanente para estar em sintonia com a orientação de Deus. A visão de Jesus de uma sociedade que usa a orientação de Deus como uma linha de prumo – ele a chamou de Reino de Deus – era diametralmente oposta à sociedade em que viveu, na qual os poucos privilegiados exploravam as massas dos pobres. Ele sentava-se à mesa com os excluídos, tocava os leprosos intocáveis, tratava as crianças e as mulheres com o mesmo respeito com que tratava os homens. Seu olhar atravessava o ego social das pessoas e ia diretamente ao Eu brilhante de cada homem. Dessa forma, ele devolveu a dignidade social e espiritual aos oprimidos. Ele os ergueu. Essa é a razão pela qual tantas histórias de milagres o descrevem como capaz de fazer aleijados ficarem em pé. E é por essa razão também que era chamado de agitador.

Jesus se situa na tradição dos profetas hebraicos. A sua religião radical sempre esteve em conflito com a religião oficial, na qual se deve acreditar completamente deixando de pensar por si mesmo. Jesus fez as pessoas pensarem por si mesmas; sabemos disso a partir dos textos do Evangelho que, por consenso de especialistas, têm as alegações mais fortes pela proximidade do próprio ensinamento de Jesus, as parábolas. A típica parábola de Jesus funciona como uma brincadeira. Começa com uma descrição familiar e leva a uma pergunta – por exemplo, alguém aqui não sabe o que acontece quando se assa pão com fermento? Alguém não sabe como um pastor age quando perde uma ovelha, ou uma mulher que perde uma moeda de muito valor? Alguém não sabe o que fazer quando encontra peixe bom e ruim na mesma rede, ervas daninhas no trigo, ou um tesouro escondido? Ou quando um filho rebelde que se foi há muito tempo volta para casa? A resposta para essas perguntas sempre é a mesma: todo o mundo sabe. Trata-se de bom senso. Depois vem o elemento decisivo presente: se você sabe disso tão bem na sua vida do dia a dia, por que você não tira as consequências quando se trata de sua relação com Deus? Observe a implicação assombrosa que o Bom Senso pode nos dizer a respeito do que Deus tem em mente para nós e para o mundo – tudo isso temos que saber.

Nada é mais significativo nas parábolas de Jesus do que o seu apelo ao Bom Senso. Que pena que esse termo tem sido mal usado, significando somente moderação, ou pior ainda, opinião pública. Entendido corretamente, significa a consciência profunda de que todos têm em comum e da qual tudo o que for sensato deve fluir. Poderíamos dizer até que o Bom Senso é o Espírito Santo de Deus no coração do homem. E aqui Jesus difere dos profetas. Eles recorriam à autoridade de Deus para que lhes desse respaldo – "Assim diz o Senhor Deus...". Jesus, ao contrário, recorre ao Bom Senso, à autoridade de Deus nos corações dos seus ouvintes.

Não é de espantar que as pessoas se sentissem poderosas. "Ele os ensinava como quem tem autoridade", disseram e acrescentaram: "não como os escribas" (Marcos 1,22), não como as autoridades da religião cultural. Essa comparação causou o terremoto de uma crise de autoridade que ainda sacode o mundo; também selou o destino de Jesus e tornou o fim desastroso de sua carreira praticamente inevitável. Hoje, a experiência ensina que se paga um preço muito alto por defender a paz e a justiça de Deus ao enfrentar a lei e a ordem autoritária.

Como o oposto do pensamento convencional, o Bom Senso era, e ainda é, subversivo às estruturas autoritárias e intolerante em relação aos seus representantes religiosos e políticos. Recorrer ao Bom Senso pode causar consequências perigosas; para Jesus, a consequência final foi a sua crucificação.

Por que isso é tão importante?

A afirmação de que Jesus FOI CRUCIFICADO, no contexto do Credo, significa mais do que marcar um ponto no registro histórico.

O Credo significa proclamar a confiança suprema em Deus. Mas afirmar essa fé em Deus quando alguém se defronta com a crucificação de Jesus (e todo o sofrimento inocente no mundo simbolizado na sua cruz) é uma promessa de lealdade à visão pela qual ele viveu e morreu – o Reino de Deus, uma ordem mundial construída não com base na força, mas no amor – no Sim à pertença sem fronteiras de qualquer tipo e com todas as consequências que esse Sim implica.

Fé em Jesus CRUCIFICADO significa colocar a confiança suprema no Reino de Deus, embora ele e inúmeras outras pessoas que o seguiram tenham morrido por essa visão sem vê-la realizada. Mas foi isso que aconteceu? Não poderíamos pensar que a luta dessas pessoas até a morte para realizar essa visão de Jesus foi sua realização neste mundo? Talvez pudéssemos citar A. J. Muste: "Não há caminho para a paz – a paz é o caminho". Não há caminho para o Reino de Deus – o Reino de Deus é o caminho. Ou, como Santa Catarina de Siena diz: "Todo o caminho para o Céu é o Céu" – mesmo o caminho da cruz. Vislumbrar essa verdade, experimentá-la somente um pouco, por exemplo, quando sentimos a dor que sofremos por causa de alguém que amamos, permite ter fé em Deus não somente *apesar* da crucificação de Jesus, mas *por causa* dela. Jesus CRUCIFICADO criou uma maneira paradoxal de alcançar o Reino de Deus em sua morte e por meio dela.

Essa fé não pressupõe nenhuma interpretação específica da morte de Jesus, nem por que, nem a razão. Mas a mente humana quer saber por que Jesus teve que morrer numa cruz e o que isso significa para nós. A mente precisa de interpretações para tudo o que percebe, ainda mais quando se trata de um fato tão desafiador para a fé. Nem todos, contudo, que recitam o Credo devem ter a mesma interpretação. O aspecto mais importante do CRUCIFICADO no Credo Apostólico é a ausência de qualquer interpretação (ao contrário do "por nossos pecados" no Credo Niceno). Esse ponto nunca é suficientemente enfatizado. Esse primeiro Credo é verdadeiramente católico; não define nem exclui como os que vieram mais tarde. Ao contrário, dá espaço a todos que não se excluem insistindo em definições e interpretações. Esse Credo exala liberdade; resume os fundamentos da fé em Deus e deixa o resto bem aberto. Muitos acharão isso libertador. Ao afirmar a fé em Jesus CRUCIFICADO sem dar uma interpretação, o Credo nos coloca diante do desafio de encontrar a nossa própria.

Há espaço para novas interpretações. Cada período na história deve encontrar a sua própria. Nem todas as interpretações propostas do FOI CRUCIFICADO ao longo dos séculos são úteis hoje. Algumas delas mostraram-se altamente prejudiciais à saúde espiritual. Infelizmente, isso é válido para a interpretação mais amplamente disseminada e para a mais equivocada, que insiste que Jesus morreu por nossos pecados.

Essa interpretação tornou-se para muitos cristãos um obstáculo intransponível para a fé. "Que tipo de Deus", eles perguntam, "pediria a morte cruel do seu filho?" Certamente não o Deus das Boas-Novas cristãs. Portanto, o significado de Jesus FOI CRUCIFICADO exige aqui uma análise mais aprofundada.

O perdão dos pecados já é um aspecto integrante dos primeiros relatos da crucificação de Jesus por razões teológicas e históricas. É útil começar com as históricas.

O perdão dos pecados tem um papel fundamental na vida de Jesus e, por fim, causa a sua morte. Jesus despertou e fortaleceu em seus seguidores a fé de que Deus havia perdoado os seus pecados, e isso sem referência às autoridades do Templo em Jerusalém, que tinham um monopólio "divino" de libertar as pessoas dos fardos social e psicológico do pecado. O perdão dos pecados foi legalmente regulamentado. Era dado e supervisionado rigorosamente pela casta sacerdotal. Mas Jesus contorna esse sistema e dá aos pecadores arrependidos a plena confiança do amor clemente de Deus: "Teus pecados estão perdoados" (Lucas 5,23; 7,48). Isso era perigoso. Isso o fez entrar em conflito com o sistema sacerdotal oficial de pecado e perdão. A sua interferência nessa questão delicada o tornou passível de ser acusado de blasfêmia, e a punição para isso era a morte (por apedrejamento; foi a acusação política de revolta que levou à crucificação de Jesus). Portanto, o perdão dos pecados não começa com a morte de Jesus, é antes o cerne de sua cura e de seu ensinamento através de sua vida, e se torna o maior motivo de sua execução.

É o que se pode dizer a respeito da ligação histórica entre a morte de Jesus e o perdão dos pecados. A conexão teológica recoloca uma questão fundamental que a comunidade cristã teve que enfrentar: como Deus pôde permitir a morte de Jesus?

Buscando obter uma resposta nas Sagradas Escrituras, passagens no livro bíblico do profeta Isaías deram a pista decisiva. Falando de um "Servo do Senhor" misterioso, as chamadas Canções do Servo em Dêutero-Isaías contêm passagens que poderiam ser rapidamente aplicadas a Jesus e deram uma resposta. As palavras decisivas dizem: "E no entanto, eram nossos sofrimentos que ele levava sobre si, nossas dores que ele carregava. Mas nós o tínhamos como vítima do castigo, ferido por Deus e humilhado. Mas ele foi trespassado por causa das nossas transgressões, esmagado por causa das nossas iniquidades. O castigo que havia de trazer-nos a paz, caiu sobre ele, sim, por suas feridas fomos curados" (Isaías 53,4-5).

Obviamente, referindo-se à passagem de Isaías que acabamos de citar, São Paulo escreveu aos cristãos em Corinto, um pouco mais de duas décadas depois da crucificação: "Transmiti-vos, em primeiro lugar, aquilo que eu mesmo recebi: Cristo morreu por nossos pecados, segundo as Escrituras" (1 Coríntios 15,3). A interpretação bíblica de Isaías deu sentido à morte cruel de Jesus e foi extremamente importante para seus seguidores, e tem sido assim desde então para os cristãos.

Contudo, nesses dois milênios, essa interpretação foi elaborada numa noção mais legalista de sofrimento substitutivo, a crença de que um Deus vingativo pediu que Jesus salvasse o mundo aceitando uma punição brutal em nome da humanidade, em troca de seus pecados. Hoje, isso representa uma recaída maciça no modo de pensar ao qual Jesus se opôs vigorosamente, pregando um Deus que perdoa. Ele FOI CRUCIFICADO e pagou por isso com a sua vida. Mas agora, ironicamente, a sua morte é interpretada pressupondo um deus vingativo.

É tão predominante a noção do sofrimento substitutivo de Jesus que muitos cristãos esquecem que isso não passa de uma interpretação, e, nas suas consequências finais, é incompatível com a própria imagem de Jesus de Deus como um Pai amoroso. Precisamos nos libertar da mentalidade legalística que perpetua interpretações erradas e nocivas. Também precisamos recuperar as primeiras formas cristãs de pensar sobre a morte de Jesus na cruz. Essas interpretações bíblicas de FOI CRUCIFICADO são úteis para nós hoje. Somente três devem ser mencionadas aqui.

1. Jesus FOI CRUCIFICADO para instaurar a paz

Do ponto de vista da interpretação do Novo Testamento, a cruz de Jesus se torna um emblema da paz. Os braços da cruz ligam a esquerda à direita, a parte superior à inferior. É a rosa dos ventos, a cruz cósmica que marca as coordenadas do universo. Muitas tradições espirituais antigas conhecem e veneram essa figura da cruz. Em geral, é descrita com braços verticais e horizontais de comprimento igual. São Paulo parece ter essa imagem em mente quando ora por seus companheiros cristãos para que sejam capazes de "compreender [...] qual é a largura e o comprimento e a altura e a profundidade, e conhecer o amor de Cristo que excede todo conhecimento" (Efésios 3,18-19).

Jesus lutou durante toda a sua vida para ajudar as pessoas a encontrar a paz – em si mesmas, entre si e com Deus. Ele viveu pela paz. E desde então a sua vida e a sua morte são uma coisa só, ele também morreu pela paz. Com o seu último suspiro, ele orou: "Pai, perdoa-lhes: não sabem o que fazem" (Lucas 23,34). Assim, a sua cruz se tornou o sinal de mais, reunindo, pouco tempo depois de sua ressurreição, os mais variados tipos de pessoas numa única comunidade. "Pois nele aprouve a Deus fazer habitar toda a Plenitude e reconciliar por ele e para ele todos os seres, os da terra e os dos céus, realizando a paz pelo sangue de sua cruz" (Colossenses 1,19-20).

2. Jesus FOI CRUCIFICADO para vencer a morte

À luz da ressurreição, nos primórdios da Igreja, Jesus Cristo era visto elevado numa cruz como triunfante e vitorioso. Ele é a Vida, e a vida dominou a morte. "A morte foi absorvida na vitória. Morte, onde está a tua vitória? Morte, onde está o teu aguilhão? [...] Graças se rendam a Deus, que nos dá a vitória por nosso Senhor Jesus Cristo!" (1 Coríntios 15,54-57). Durante os primeiros mil anos da história da Igreja, a arte cristã traduziu o FOI CRUCIFICADO do Credo numa cruz enfeitada, e mais tarde no Cristo na cruz como vencedor coroado.

3. Jesus FOI CRUCIFICADO para abrir o caminho para nós da verdadeira felicidade

Essa interpretação encontra a sua expressão num terceiro modelo do Novo Testamento para a compreensão da crucificação: "[...] o iniciador e consumador da fé, Jesus, que em vez da alegria que lhe foi proposta, sofreu a cruz" (Hebreus 12,2). Jesus é chamado aqui de "iniciador", porque, ao confiar em Deus, ele nos antecedeu em território desconhecido. Tudo nele se afastava da morte, e de uma morte muito horrível. "Disse-lhes, então: Minha alma está triste até a morte. Permanecei aqui e vigiai comigo" (Mateus 26,38). "E cheio de angústia, orava com mais insistência ainda, e o suor se lhe tornou semelhante a espessas gotas de sangue que caíam por terra" (Lucas 22,44). E mesmo assim permaneceu fiel ao seu caminho de revolução não violenta e sofreu as consequências. Antecedendo-nos na fé em todo o caminho da escuridão, ele se tornou não somente o iniciador, mas o consumador da fé para todos aqueles que o seguem. Passando pela morte, ele se torna o "príncipe da vida" (Atos dos Apóstolos 3,15). Essa perspectiva é diametralmente oposta ao sofrimento indireto. Um aspecto é particularmente interessante: leva a busca angustiada de Jesus a sério, portanto nos motiva a ter paciência em relação à nossa própria busca.

Todo período da história tem que encontrar a sua própria interpretação do FOI CRUCIFICADO no Credo – sempre à luz da ressurreição. (Livros úteis que abordam esse tema são, entre outros, *Jesus through the Centuries*, de Jaroslav Pelikan, e *Meeting Jesus Again for the First Time*, de Marcus Borg.) O que é importante, contudo, não é a interpretação do sofrimento, mas o nosso esforço para aliviar o sofrimento de outros e manter a nossa própria fé no amor de Deus. Nesse caminho, no qual Jesus foi iniciador por palavras e ações e que no budismo é o caminho de bodisatva, podemos esperar encontrar a alegria do significado no sofrimento que não pode ser colocado em palavras.

Reflexões pessoais

Cresci ouvindo com frequência referências de um parente ou outro ou de um amigo da minha família que tinha "que carregar uma cruz pesada". Essa noção de seguir Jesus carregando a nossa própria cruz surgiu na primeira comunidade cristã e encontrou expressão nos Evangelhos, onde se menciona que Jesus diz àqueles que querem se tornar seus discípulos: "Tome sua cruz cada dia e siga-me" (Lucas 9,23). De acordo com a regra romana, seguir os passos de Jesus pode de fato ter levado à crucificação, mas para outros inúmeros cristãos ao longo dos séculos, a cruz que carregaram com coragem, paciência e amor não tinha nada a ver com as razões pelas quais Jesus foi crucificado. Em que sentido, então, no século XXI, posso falar de carregar a minha cruz, quando isso significa, por assim dizer, sofrer a desvantagem de ser honesto, cuidar de pessoas idosas da família ou lidar com uma doença debilitante? Qual é a relação entre a minha "cruz" e a de Jesus? A relação fundamental é a fidelidade a Deus que se requer na sua história de vida, e eu devo fazer o mesmo, pouco importa que a minha própria história de vida seja diferente.

Jesus não queria mais a sua cruz do que eu a minha. A cruz que escolhemos não é uma cruz real. Mas escolhemos ser fiéis a Deus, independentemente do que isso possa nos custar, e a "cruz" simboliza esse custo. No Monte das Oliveiras, Jesus orou por uma solução mais fácil: "Pai, se possível...". Mas ele fez o melhor possível e declarou: "Sua vontade será feita". Apropriando-se dessa mesma frase quando rezam o Pai-Nosso, os cristãos de cada caminho da vida ultrapassaram o ressentimento da sua sina, encontraram a "paz de Deus, que excede toda a compreensão" (Filipenses 4,7). Você reconhecerá essa paz através da alegria profunda que é compatível com a dor. A dor física assim como a dor emocional podem ser englobadas por uma alegria serena que surge assim que deixamos de lado o ressentimento e aceitamos as coisas como são. Não se trata de resignação, é o oposto. Somente o não ressentimento possibilita uma reação criativa – e com frequência inesperadamente criativa.

Lembro-me, desde pequeno, que minha mãe tinha o seguinte dito numa pequena moldura na sua escrivaninha: "Estes são os fortes na terra: riem em meio a lágrimas, ocultam a sua dor e dão alegria a outros". Rimava em alemão, portanto, recordo-me bem dessa máxima. Mas lembro-me de forma muito viva porque a minha mãe a aplicava. Aqueles que a vivem não são sobrecarregados por sua cruz, mas erguidos, acima de seu próprio sofrimento, numa base firme a partir da qual podem ajudar os outros a encontrar a paz. Já sabemos que a dor é inevitável na vida, mas sofrer é opcional. Carregar a sua cruz pacientemente com amor é a forma cristã tradicional de ultrapassar o sofrimento.

Nascido e criado como católico, o mitólogo Joseph Campbell (1904-1987) criticou abertamente o excesso de ênfase dado ao sofrimento tão difundido entre os cristãos. Como estudioso de imagem sacra, ele reconheceu uma atitude masoquista expressa em muitos crucifixos. Pouco tempo antes de sua morte, ele passou por um tratamento em um hospital católico. A sua viúva, Jean Erdman, falou-me sobre um tipo diferente de crucifixo encontrado no seu quarto do hospital, uma representação contemporânea em que há um Cristo triunfante na cruz com os braços erguidos. Quando Joseph Campbell viu isso, exclamou: "Este é o crucifixo que sempre desejei ver em toda a minha vida".

*

E você? Que imagem de Cristo CRUCIFICADO, se é que há alguma, o atrai? (Vale lembrar que durante a primeira metade de sua história a tradição cristã não tinha imagem do crucificado, somente uma cruz cósmica enfeitada – uma cruz com quatro braços de comprimento igual, uma rosa dos ventos para a jornada espiritual.) Ensinaram-lhe interpretações da morte de Jesus na cruz que fizeram com que você questionasse o amor de Deus? Como você lidou com elas? Você conhece pessoas que, inspiradas por Jesus Cristo CRUCIFICADO, assumiram o sofrimento heroico por outros (por exemplo, São Maximiliano Kolbe, que se apresentou como voluntário para assumir o lugar de um prisioneiro num campo de concentração e morreu de forma muito dolorosa)? Você já experimentou a alegria de ultrapassar o sofrimento suportando a dor de outras pessoas?

MORTO E SEPULTADO

O que isso de fato significa?

A afirmação de que Jesus MORREU remete a NASCEU numa parte inicial do Credo e enfatiza que lidamos aqui com a realidade plenamente humana do nascimento à morte. Aos olhos da fé, a realidade imediata de toda a nossa vida entre o nascimento e a morte torna-se um receptáculo para acolher a presença de Deus. Como Jesus, devemos aprender a depositar a nossa fé em Deus, entre os prazeres e as dores da vida cotidiana, e não nos perder em abstrações de especulação filosófica ou teológica.

MORTO E SEPULTADO também significa que acabou, uma derrota – aniquilado pelo sistema de dominação oposto a ele, e ao qual ele se opõs. Isso marca o extremo negativo ao qual a ressurreição fornecerá outro extremo positivo.

Como corolário histórico – não como proclamação de fé – SEPULTADO também implica que o cadáver de Jesus foi identificado e manuseado por testemunhas e colocado numa sepultura. Parece que isso era extremamente incomum no caso de vítimas de crucificação, embora os quatro Evangelhos descrevam detalhadamente o sepultamento de Jesus. A nossa compreensão da Ressurreição dependerá da nossa avaliação da historicidade desses relatos.

Como sabemos que é assim?

Fatos históricos devem ser estabelecidos através de pesquisa. Crenças baseadas em fé não são um substituto válido para esse processo de verificação histórica. Atualmente, esse processo está em plena oscilação, as opiniões dos estudiosos estão divididas, e a pergunta "Jesus foi sepultado?" está sendo calorosamente discutida. Com base nas estatísticas de sepultamento do século I, alguns estudiosos dizem não. (Raros são os restos sepultados encontrados de dezenas de milhares de vítimas crucificadas.) Com base na sindologia – o estudo de mortalhas – outros estudiosos dizem sim. (O chamado Sudário de Turim, que contém a impressão de um corpo crucificado, baseia-se em fortes alegações históricas e forenses que levam a crer que se trata da mortalha de Jesus. Essas alegações são reforçadas pelo Sudário de Oviedo, o tecido que cobriu a cabeça do corpo retratado no Sudário; o tipo sanguíneo e o lugar dos ferimentos da cabeça correspondem, e a história dessa relíquia é bem conhecida.) A certeza histórica deve aguardar futuras pesquisas. A fé, ao contrário, refere-se a um fato incontestável: Jesus foi aniquilado por seus opositores. Isso determina a cena para a do Credo "e assim mesmo" da ressurreição.

Por que isso é tão importante?

Considerando a ressurreição de Jesus, é extremamente importante afirmar MORREU E FOI SEPULTADO, o seu contraponto. Morrer e ser sepultado fazem parte de toda a humanidade de Jesus. Morrer é a nossa atividade derradeira; ao contrário de ser morto, o verbo *dying* [morrer] nem mesmo tem voz passiva. Ser sepultado, por outro lado, inútil como um objeto, significa uma passividade derradeira. Ambas podem se tornar transparentes e ser transformadas pelo amor de Deus que brilha através delas. Sob essa perspectiva, percebo que a minha própria morte e a inutilidade derradeira pertencem à palavra exclusiva de Deus que é a minha vida. Reconforta-me e encoraja-me saber que Deus está sempre perto de mim, tanto na morte quanto na vida. MORTO E SEPULTADO no Credo remete-me a isso e dá forma à minha confiança.

Reflexões pessoais

Morte e sepultamento fazem parte do próprio tecido de nossas vidas, da morte dos nossos bichos de estimação da infância e os funerais que, quando somos crianças, fazemos para os pássaros que encontramos mortos nos matagais às grandes perdas da vida adulta – filho, esposo ou amigo próximo. Quando voltei pela primeira vez, depois de vinte anos, ao lugar em que meus irmãos e eu enterramos o nosso canarinho de estimação, as duas mudas de árvores que plantamos no túmulo tinham crescido e ficado altas – uma só árvore alta, na verdade, pois os dois troncos de árvore tinham sido colocados tão perto um do outro que se fundiram em um só.

Tive o privilégio de estar presente no momento da morte da minha mãe, da minha avó e da minha bisavó. A minha mãe tinha dito: "É dessa forma que eu gostaria de morrer. Eu queria que você estivesse sentado onde está agora segurando a minha mão, e eu simplesmente adormeceria". Três dias mais tarde, foi isso que aconteceu. A minha avó morreu enquanto a minha mãe e eu rezávamos o rosário ao lado de sua cama. E a mãe dela morreu uma noite quando ela e eu, com seis anos de idade, estávamos em casa sozinhos, e ela acabava de ler uma história para mim.

Da mesma forma que eu estava próximo da minha mãe e da mãe dela e da mãe da mãe dela quando morreram, eu estava afastado da morte do meu pai de maneira surpreendente. Sabendo que estava para morrer, meu irmão e eu pegamos um voo da Áustria para os

Estados Unidos, tivemos um encontro caloroso e alegre com ele, e nos despedimos pela última vez. Duas semanas mais tarde, eu estava dando uma palestra no Havaí e recebi um telefonema com a notícia da morte do meu pai no dia 21 de junho. Na parte do Havaí onde eu estava, ainda era o dia 20 de junho. Algumas horas mais tarde, peguei um avião para a Áustria e cheguei no dia 22 de junho. Sendo assim, o dia 21 de junho, o dia da morte do meu pai, foi um dia que não existiu na minha vida.

Em contrapartida, é reconfortante estar com a minha família e os meus amigos num velório no qual aqueles que ficam podem dar apoio uns aos outros ao compartilhar lembranças da pessoa que se foi antes de nós. Tive essa experiência com os Tohono O'odham no Deserto de Sonora, em que um homem morto foi colocado sentado, e todos que chegavam apertavam a sua mão e falavam sobre assuntos que ainda não haviam concluído antes de despedir-se dele. Meus amigos maoris de Aotearoa (Nova Zelândia) convidaram-me para um *tangi*, o ritual funeral no qual o corpo do falecido nunca é deixado sozinho entre a morte e o sepultamento, ele fica rodeado de pessoas da família e de amigos que chegam e se vão, enquanto o corpo fica exposto ao público no *morae* (no campo cerimonial), às vezes durante dias. Não é incomum que um casamento seja realizado no mesmo *morae* concomitantemente. Achei revigorante estar com um povo cuja cultura tem uma consciência viva e profunda de que a morte e a vida são uma coisa só, como os brotos enredados das samambaias *ponga* erguendo-se dos troncos de árvores em decomposição na floresta.

*

Quais são as suas lembranças de morte e sepultamento? Você pode ficar com elas por tempo suficiente, olhar para elas de maneira amorosa, vê-las como pequenas ondas de um riacho que corre incessantemente? E depois, você pode ver o fluxo da Vida divina refletida nesses eventos?

DESCEU À MANSÃO DOS MORTOS

O que isso de fato significa?

Depois de uma série de afirmações históricas, mais uma vez nos confrontamos com uma referência mítica. A imagem de INFERNO (mansão dos mortos) era conhecida pela tradição judaica como Xeol e pelos gregos como Hades – o reino da morte, a casa dos mortos. Uma tradução mais precisa do *descendit ad infernos* do latim seria "desceu no reino da morte".

A exemplo da ênfase no "terceiro dia" na frase seguinte do Credo e "morto e sepultado" na anterior, DESCEU À MANSÃO DOS MORTOS ressalta que Jesus estava de fato morto, não só aparentemente. Além disso, a ênfase é colocada no fato de Jesus ter a mesma sorte dos mortais. Ele se tornou mais um indivíduo das incontáveis multidões que morreram antes dele, em particular aqueles que foram mortos como vítimas da injustiça. A morte de Jesus – portanto, a sua ressurreição também – não é um fato isolado, tampouco uma questão particular. (Isso também é afirmado em relação à ressurreição de Jesus.)

Essa solidariedade do "Filho amado de Deus" com todos os filhos de Deus mesmo no reino da morte é mais elaborada na primeira epístola de São Pedro, capítulo 3, em que Jesus é retratado proclamando o poder do Espírito de dar a vida "aos espíritos em prisão", àqueles que haviam ido antes dele ao Xeol (1 Pedro 3,19). Para a primeira geração de cristãos judeus, esse mito expressava uma consequência necessária da morte de Jesus Cristo: as grades da prisão do mundo dos mortos não podiam prender aquele que era a Vida personificada. Ele faria explodir os portões do Xeol e libertaria todos os outros presidiários também. Isso encontra uma viva expressão pictórica nas imagens "da angústia de Cristo do inferno".

Se perguntarmos o que significou para os mortos a descida de Cristo À MANSÃO DOS MORTOS, confundiremos uma imagem poética com um relato histórico. Mas o ponto justificado por trás dessa questão pode ser expresso da seguinte forma: o que significa para a nossa compreensão da morte que Jesus Cristo e outras inúmeras vítimas inocentes antes e depois dele tiveram que morrer? Para essa pergunta, DESCEU À MANSÃO DOS MORTOS significa uma resposta. Afirma basicamente que ele estava de fato morto, mas isso não pode ser separado da profunda confiança que o salmista expressa nas palavras: "não abandonarás minha vida no Xeol, nem deixarás que teu fiel veja a cova" (Salmo 16,10). A morte não é uma prisão, é uma travessia. Visto que isso também é verdade no que se refere às diversas mortes que temos que ter ao longo da vida, a fé de que Cristo DESCEU À MANSÃO DOS MORTOS – todo inferno concebível – pode consolar profundamente os corações dos homens.

Como sabemos que é assim?

DESCEU À MANSÃO DOS MORTOS não se refere a uma ação de Jesus. Não está no mesmo plano de declarações como "entrou num barco" ou "desceu da montanha". Em relação a essas duas declarações é lógico perguntar: "Como você sabe?" e a resposta terá que se basear na observação. Mas se pudéssemos perguntar aos cristãos que colocaram DESCEU À MANSÃO DOS MORTOS no Credo: "Como vocês sabem que isso é verdade?", e uma resposta provável seria: "Bem, já lhe disse. Ele morreu".

Como a descida à mansão dos mortos é simplesmente uma forma poética de dizer que Jesus morreu, é possível fazer uma pergunta diferente e mais apropriada: por que usar essa imagem mítica e não outra? Por que usar alguma imagem mítica? A resposta é que esse era o mito usado por aqueles que modelaram o conteúdo de sua fé na forma desse Credo, um conteúdo demasiadamente rico para ser enunciado numa linguagem mais delicada do que a da poesia. Devemos então nos apropriar desse mito se quisermos recitar o Credo de forma íntegra? Não, não as imagens desse mito, somente a verdade que quer expressar: nenhum reino da experiência humana na vida e na morte, nem mesmo o INFERNO, está além do alcance do amor de Deus, um amor suficientemente poderoso para nos libertar.

Por que isso é tão importante?

DESCEU À MANSÃO DOS MORTOS é uma lembrança útil da presença de Deus em todo o reino da existência. Nada pode nos separar do amor de Deus, mesmo nas regiões mais infernais do nosso mundo interior. Essa ideia também é uma preparação adequada para o aspecto comum da frase posterior do Credo. Se aquele que representa o amor de Deus compartilha a sina comum de todos que morreram, ele compartilhará por sua vez o triunfo desse amor – na sua ressurreição.

Reflexões pessoais

Jesus de Montreal (1989) ainda é o meu filme preferido de Jesus entre os projetados nas telas nas últimas décadas. O diretor Denys Arcand liga a história de Jesus a questões do nosso tempo, e o Jesus retratado por Lothaire Bluteau vibra com uma paixão e uma compaixão que acho convincentes. A história que Arcand conta é clara: um grupo de atores é contratado por uma igreja em Montreal para apresentar uma peça sobre a paixão. A interpretação não convencional do grupo encanta o público, mas desagrada às autoridades da igreja. Daniel, que faz o papel de Jesus, incita os seus amigos atores a irem até o fim do projeto e começa a reproduzir na sua própria vida a de Jesus: sua paixão (no sentido do empenho, da dedicação e do grande esforço para fazer a peça contra a resistência daqueles que se opuseram a ele) transforma-se na Paixão (no sentido de sofrimento e morte).

O roteiro de Arcand mostra profundidade e humor nos paralelos contemporâneos que encontra para o relato do Evangelho. A seleção dos atores de Daniel para a peça reflete o apelo de Jesus aos seus discípulos; quando um advogado ambicioso o leva a um restaurante que tem uma vista de toda a cidade e lhe oferece uma carreira comercial atrativa, lembramo-nos da frase do tentador "tudo isso te darei"; da mesma maneira que Jesus fica diante de Pôncio Pilatos, Daniel fica diante de um juiz hesitante no tribunal. O roteirista criou para si uma tarefa praticamente intransponível; contudo, quando decidiu apresentar também a descida de Cristo ao inferno, ele resolveu brilhantemente esse desafio. Daniel, que tinha apanhado e estava ferido, deixado numa maca no pronto-socorro, levanta-se e, no seu delírio, vai cambaleando para uma estação de metrô visitar os sem-teto instalados ali nas entranhas da cidade.

Temos o inferno, o mundo dos mortos, o reino dos mortos, mais perto de nós do que gostaríamos. E de que serve acreditar que Cristo desceu nessa região se não estamos dispostos a fazer isso junto com ele? No Credo, declaramos nossa fé de que a presença amorosa de Deus pode ser encontrada ali também. Quem são então os embaixadores de Deus? Uma amiga minha querida e admirada, uma pessoa de renome internacional, envia-me todos os anos suas intenções de Quaresma, oração, jejum e esmolas. Uma vez ela escreveu: "Darei um pouco de dinheiro aos moradores de rua, mas darei também um abraço em cada um deles".

*

E você? Em que "reino dos mortos" você pode ser um embaixador do amor de Deus? Tratar bem os sem-teto é somente uma das inúmeras formas de fazer isso. Há um asilo na sua vizinhança onde as pessoas idosas se sentem sozinhas e abandonadas? Que visita ou telefonema poderia significar, para você, uma descida à mansão dos mortos e, para a pessoa que você visitou ou para quem ligou, um raio de sol no meio da escuridão?

RESSUSCITOU AO TERCEIRO DIA

O que isso de fato significa?

O significado mais básico dessa frase é que embora Jesus estivesse morto, morto, morto (durante três dias), agora ele vive. Era somente um convidado, por assim dizer, na mansão dos mortos. Em muitas culturas, os privilégios do convidado limitam-se a três dias. Mesmo nos mosteiros, os convidados que permanecem durante mais de três dias devem ajudar nas tarefas. RESSUSCITOU AO TERCEIRO DIA proclama de maneira triunfal: mesmo que Jesus fosse condenado, executado tanto por autoridades religiosas quanto políticas, Deus o salvou dando-lhe vida indestrutível e autoridade suprema.

Essa frase do Credo proclama Jesus Cristo como uma força viva no mundo, absolvido e investido de poder por Deus, embora fosse aniquilado pelos poderosos deste mundo. Na ordem mundial que conhecemos, não há lugar para a paz e a justiça, para a distribuição igual de bens materiais e culturais e para a dignidade de cada ser humano. Jesus assumiu a defesa desses valores e foi cinicamente descartado como um agitador. A pior parte é que para um judeu da época de Jesus, a condenação por autoridades religiosas significava uma condenação inquestionável por Deus. Jesus introduziu a convicção inimaginável de que mesmo em relação a isso os caminhos de Deus não são os nossos. O fato de Deus não impedir a sua morte parecia mostrar que ele estava errado e concluía a questão. Contudo, ao fazê-lo "levantar", Deus justificou tudo pelo que Jesus lutou. É isso que conta aqui. Um túmulo vazio, um corpo que se levantou e aparições para os seus seguidores são ilustrações significativas para algumas pessoas, obstáculos para outras. O Credo se atém ao essencial: Deus inocentou aquele que o mundo condenou à morte; vejam, ele vive.

RESSUSCITOU não é a primeira forma da proclamação da Páscoa. A frase original "Deus o ressuscitou" enfatiza de forma mais clara a defesa e é logicamente mais correta. Pois estar morto implica impotência suprema, o Jesus que está de fato morto só pode se levantar se primeiramente for ressuscitado. Pode-se observar isso em um dos primeiros textos cristãos: Primeira Epístola de São Paulo para os Tessalonicenses. Nele encontramos as duas formas lado a lado. No capítulo 1, Paulo refere-se à fé dos cristãos em Tessalônica de Jesus que Deus "ressuscitou dentre os mortos" (1 Tessalonicenses 1,10). No capítulo 4, ele escreve: "Cremos que Jesus morreu e ressuscitou" (1 Tessalonicenses 4,14). De fato, Paulo ressalta aqui as implicações coletivas, acrescentando: "assim também os que morreram em Jesus, Deus há de levá-los em sua companhia". As duas frases expressam a fé em Deus como aquele que dá a vida e defende a justiça, e é isso que queremos dizer quando dizemos, RESSUSCITOU NO TERCEIRO DIA.

Como sabemos que é assim?

Que tipo de prova se pode esperar para a ressurreição? Suponhamos que Jesus tenha subido uma vez os degraus do Vaticano, ou tenha ido numa reunião de doze passos (onde teria ficado mais à vontade) – isso constituiria uma prova de que RESSUSCITOU? Se é assim que você pensa, a sua concepção de ressurreição está errada. Não tem nada a ver com voltar à vida (como Lázaro no Evangelho segundo São João).

O Credo não fala de voltar à vida; a ressurreição é um movimento para frente e para cima num novo plano da vida.

Saber por que Jesus lutou significa ver a sua vida como uma manifestação da sabedoria, compaixão e poder divinos. Mas essa sabedoria é loucura aos olhos das autoridades que o aniquilaram; esse poder é fraqueza. E mesmo assim "o que é loucura de Deus é mais sábio do que os homens, e o que é fraqueza de Deus é mais forte do que os homens" (1 Coríntios 1,25). Trata-se aqui da sabedoria e do poder do amor, e "o amor é forte, é como a morte" (Cântico dos Cânticos 8,6). A Bíblia sabe disso, e os seres humanos conhecem isso no coração de seus corações. Ao TERCEIRO DIA – significando um momento sagrado de término e de novo começo – o poder do amor deve romper os laços da morte. A plena manifestação do amor não pode ser eliminada para sempre, nem mesmo pela morte. Os cristãos expressaram essa certeza colocando na boca de Jesus uma passagem do profeta Oseias que traduziram como: "Ó morte, eu serei tua morte!" (Oseias 13,14).

Os seguidores de Jesus viveram a ressurreição de Jesus Cristo como uma convicção transformadora. Agora podiam viver destemidamente os ideais pelos quais Jesus viveu e podiam dizer para as suas autoridades religiosas: "É preciso obedecer antes a Deus do que aos homens. O Deus de nossos pais ressuscitou Jesus, a quem vós matastes, suspendendo-o no madeiro" (Atos dos Apóstolos 5,29-30). Essa audácia baseava-se essencialmente numa experiência interior, verificável através de seu entusiasmo. Mas havia um desencadeador externo para aquela experiência e entusiasmo? Essa é uma pergunta pertinente, e a resposta pode ser submetida à verificação histórica. Historiadores expressam uma grande variedade de opiniões acerca desse ponto, escolhendo em função de convicções prévias até mesmo que dados levarão em consideração. Num extremo estão todos aqueles que veem alguma base histórica nos relatos do Evangelho, e no outro, aqueles que não reconhecem esses textos. Temos o direito de pedir todo material relevante disponível da época para que seja levado em consideração. Isso inclui análise textual e arqueologia, e objetos como o Sudário de Turim e o Sudário de Oviedo, que os exegetas só agora começam a levar a sério. Dessa maneira, continua aberta a pergunta sobre qual foi o desencadeador externo para a crença do discípulo relativa a RESSUSCITOU AO TERCEIRO DIA. Para aqueles que rezam o Credo, o que importa é a fé na defesa de Jesus feita por Deus. Essa fé faz toda a diferença em relação à forma como vivem: como Jesus viveu, revestido de poder pelo Espírito que revestiu Jesus de poder.

Por que isso é tão importante?

O essencial no Credo é a fé em Deus. Não se pode dizer isso com muita frequência. Crença de que a Testemunha amada de Deus não foi abandonada – nem mesmo quando clamou: "Deus meu, Deus meu, por que me abandonaste?" (Marcos 15,33), nem mesmo no reino da morte – fala acima de tudo de Deus. Pressupõe uma visão inequívoca de Deus. Mostra que Deus se preocupa com justiça e faz as coisas corretamente, embora não necessariamente em termos históricos. Em todos os tempos, e em particular hoje, vale a pena enfatizar isso.

Num mundo em que a política, a economia e as questões envolvendo o meio ambiente estão ligadas à morte, a fé na ressurreição de Jesus nos dá poder para viver nossas vidas determinadas por Deus e motivação para realizar o plano de Deus para o mundo: "Eu vim para que tenham a vida, e a tenham em abundância" (João 10,10). É possível querer saber mais sobre o que podemos e deveríamos fazer com base na ressurreição. Concretamente, como a fé na defesa de Deus de Jesus muda a nossa forma de pensar? Como isso nos liga ao nosso verdadeiro eu? Como isso aumenta a nossa fidelidade? Como isso molda as nossas ações? Uma história de vida exemplar pode ser a melhor resposta para essas questões, e aqui temos o exemplo magistral de Dag Hammarskjöld.

O diplomata sueco nasceu em 1905, tornou-se o segundo secretário-geral da ONU em 1953 e morreu num acidente de avião durante uma missão de paz em 1961. John F. Kennedy reconheceu: "Comparado a ele, sou um pequeno homem. Ele foi o maior estadista do nosso século". Foi só depois da sua morte que esse homem foi revelado ao mundo como um verdadeiro místico, quando as suas anotações e os seus diários foram postumamente publicados sob o título *Markings*. O teólogo Henry P. Van Dusen qualificou o seu livro como "talvez o maior testamento de fé pessoal escrito [...] no calor da vida profissional e em meio às responsabilidades mais duras para a paz e ordem mundial". No seu prefácio para *Markings*, o poeta inglês W. H. Auden cita Hammarskjöld afirmando: "Na nossa era, o caminho para a santidade passa necessariamente pelo mundo da ação". Dag Hammarskjöld foi colocado numa das posições mais elevadas que o sistema de dominação podia oferecer. Inspirado por Jesus, ele usou o poder que isso lhe deu para permitir que outros fizessem a paz e a justiça econômica. Como Jesus, ele podia prever o que isso iria significar na sua própria carreira. Prevendo o que estava por vir, escreveu: "Não temos a permissão de escolher a moldura do nosso destino. Mas o que colocamos nele é nosso. Aquele que quer aventura a viverá – de acordo com o seu grau de coragem. Aquele que quer sacrifício será sacrificado – de acordo com a medida de sua pureza de coração".

"Por tudo o que foi – Obrigado. Por tudo o que está por vir – Sim" é a citação mais conhecida de Dag Hammarskjöld. Mas temos que ler o seu *Markings* para ter noção da profundidade da introspecção da qual surgiu esse Sim. "Não sei Quem – ou o que – fez a pergunta, não sei quando foi feita. Nem mesmo me lembro de tê-la respondido. Mas em algum momento respondi *Sim* a Alguém – ou Algo – e a partir daquele momento tive certeza de que a existência tem um sentido e que, portanto, a minha vida, no ato de entrega, tinha um objetivo." Na Segunda Epístola aos Coríntios, São Paulo chama Jesus de "Sim de Deus" (2 Coríntios 1,19). Depois de ter encontrado esse Sim, Hammarskjöld escreveu: "Percorrendo o Caminho, aprendi, a cada passo, a cada palavra, que por trás de cada afirmação nos Evangelhos há *um* homem e a experiência de um *homem*. Por trás também do orador que a taça deve passar por ele e sua promessa e bebê-la. Também por trás de cada uma das palavras da Cruz".

Dag Hammarskjöld sabia: "Aquele que se entregou a ele sabe que o Caminho acaba na Cruz". Essa cruz surgiu para ele em 1961. O secretário-geral da ONU de 56 anos ia negociar um cessar-fogo na noite de 17 para 18 de setembro, quando o seu avião caiu perto de Ndola, na Rodésia do Norte (atual Zâmbia). As circunstâncias não foram esclarecidas, mas diz-se que o ex-presidente Henri Truman declarou: "Dag Hammarskjöld estava a ponto de conseguir algo quando o mataram. Observem que eu disse 'quando o mataram'" – assim como Jesus quando estava a ponto de conseguir algo. Jesus chamou esse algo de Reino de Deus. Todos aqueles que têm a mesma fé de Dag Hammarskjöld na ascensão de Cristo, no momento da morte, poderão dizer com ele: "Tinha certeza de que a existência tem um sentido e que, portanto, a minha vida, no ato de entrega, tinha um objetivo".

Reflexões pessoais

A mensagem essencial da Ressurreição de Cristo é que a vida, o trabalho e a mensagem de Jesus, apesar de terem sido rejeitados pelas autoridades que o executaram, foram aprovados por Deus e, dessa forma, Deus o inocentou, o proscrito crucificado. Mas como isso aconteceu? O que aconteceu naquela manhã de Páscoa – historicamente? Embora a fé em Jesus vivo validada pela autoridade de Deus seja tudo o que conta afinal, a pergunta continua: em que se baseia essa fé? Se a minha fé se baseia afinal na fé dos Apóstolos como primeiras testemunhas, em que se baseava a fé deles? Acredito que uma pergunta desse tipo não é fruto de mera curiosidade.

Não basta largar a nossa busca de resposta aceitando os relatos do Evangelho de maneira não crítica ou rejeitar o seu testemunho por causa de alguma convicção preconcebida. É verdade, não são relatos históricos, segundo nosso entendimento moderno relativo à historicidade. Mas relatam dados que podem ser considerados como prováveis ou improváveis, possíveis ou impossíveis, de acordo com nossos padrões históricos contemporâneos. Ao longo de muito tempo, tenho me interessado por dois grandes dados mencionados nos Evangelhos: o túmulo vazio e a mortalha.

É verdade que os relatos da Ressurreição diferem muito mais um do outro do que os relatos do Evangelho da vida de Jesus, mas os quatro têm o mesmo ponto de partida: o túmulo vazio. Alegam de forma unânime que o corpo de Jesus desapareceu de forma milagrosa do lugar em que havia sido enterrado, e mais tarde Jesus apareceu para os seus discípulos durante um período de tempo limitado. Em relação à forma que essas aparições adquiriram, os escritores do Evangelho escolhem caminhos diferentes. A antropologia era a minha especialidade quando estudei na Universidade de Viena para o meu doutorado em Psicologia. Dessa forma, eu me perguntei como antropólogo: encontramos relatos semelhantes em outras culturas? (Quero dizer relatos sobre supostos fatos históricos semelhantes às histórias de ressurreição nos Evangelhos.) Isso nos daria pontos de comparação e nos permitiria verificar se essas coisas de fato aconteceram. Não devemos supor que algo seja um evento excepcional na história antes de verificar se aconteceu em algum outro lugar. E vale lembrar que estamos lidando aqui com fatos supostamente históricos na manhã de Páscoa, o que é bastante diferente da crença na Ressurreição. Cristãos sérios hoje acreditam na ressurreição de Cristo sem considerar as histórias da Páscoa como relatos históricos. Mas retomamos a pergunta novamente, não havia um desencadeador histórico para a crença na Ressurreição?

Lembro-me vagamente de relatos sobre mestres tibetanos cujos corpos supostamente diminuíram muito de tamanho ou desapareceram, e prometi a mim mesmo investigar isso algum dia. Bem, como acontece com perguntas desse tipo, adiei durante anos, mas numa bela manhã eu decidi: hoje vou começar a verificar isso! Mandei um fax para o meu amigo Vanja Palmer, um professor zen-budista na Suíça, e pedi que perguntasse aos monges tibetanos que estavam vivendo nos Alpes suíços. Em alguns dias, obtive uma resposta. Para surpresa de Vanja, um mestre tibetano o visitara. Vanja lhe falou sobre a minha pergunta. E para sua maior surpresa, o visitante lhe falou de um mestre seu no Tibete que havia morrido há pouco tempo e que tinha desaparecido daquela maneira fazia dois ou três meses.

É agora ou nunca, pensei. Alguém tem que ir ao Tibete para verificar isso. Pensei imediatamente no meu amigo Monsenhor Francis Tiso e entrei em contato com ele. Ele tinha feito a sua tese de doutorado na Universidade Columbia sobre o sábio e santo tibetano Milarepa e tinha visitado o Tibete. Ele estava planejando alguma outra viagem para lá? Sim, estava – em três dias! Ele poderia passar pela Suíça para uma conversa breve? Apesar das adversidades, ele conseguiu inserir isso nos seus planos; e, dessa maneira, começou um projeto de longa pesquisa sobre o fenômeno do Corpo de Arco-Íris, financiado mais tarde por IONS (Institute for Noetic Sciences), um projeto que continua até o presente momento.

O que soube é que o fenômeno do Corpo de Arco-Íris está bem documentado em textos que são de muitos séculos atrás, e ainda ocorre hoje. Está bem comprovado como qualquer fenômeno antropológico. Em geral, um mestre pedirá, antes de sua morte, que o seu corpo fique intacto por um determinado período de tempo – digamos, por uma semana ou duas – e durante esse tempo o corpo, coberto por um tecido, encolherá e desaparecerá, às vezes deixando cabelo ou unhas. O que achei particularmente significativo é o seguinte: além dessa síndrome do túmulo vazio, o mestre que morreu aparecerá para os seus discípulos (e – como Jesus – somente para os seus discípulos, não para o público) durante um período de tempo limitado. Temos aqui fenômenos altamente reminiscentes dos relatos da Ressurreição nos Evangelhos – fatos que ocorrem nos tempos de hoje, portanto, que podemos verificar – e a integridade intelectual nos obriga a proceder dessa forma para possível verificação ou desaprovação. Sendo assim, é necessário que exegetas dos relatos do Evangelho da Ressurreição conheçam esses fatos, visto que agora estão disponíveis. Mas será que farão isso?

Essa pergunta me leva à mortalha de Jesus. Faz um século, o Sudário de Turim foi objeto de extensa investigação científica, contudo, os exegetas praticamente ignoraram essas descobertas. O Sudário é uma peça de linho de cerca de 4,5 metros de comprimento por 1,1 metro de largura, com padrão em ziguezague que os arqueólogos conhecem por causa das faixas das múmias egípcias. Contém uma leve impressão – frente e costas – de um corpo que estava envolto nele no enterro. Especialistas em medicina legal analisaram cada detalhe dessa relíquia e concluíram que o homem na mortalha havia sido açoitado, pregado numa cruz e seu coração perfurado por uma lança, perfeitamente compatível com os detalhes do relato no Evangelho das últimas horas de Jesus. O que os estudos científicos não foram capazes de comprovar foi como a imagem na mortalha foi criada. O que vemos nela parece de fato um negativo fotográfico. Nenhuma tinta ou qualquer outro meio usado por artistas foi encontrado no Sudário. Todos os meios conhecidos de criar uma imagem foram descartados.

Um teste de carbono 14 realizado em 1988 foi amplamente discutido na mídia e parecia indicar que o Sudário tinha somente uns setecentos anos. Desde então, contudo, afirma-se que a amostra testada não era do tecido original. De quanto tempo é o Sudário é questionável pela falta de comprovação de documentos antes de 1360. Contudo, Ian Wilson, no seu livro *The Blood and the Shroud*, apresentou uma hipótese bem documentada para a história do Sudário antes dessa data, e a análise do pólen confirmou que Wilson havia retraçado corretamente o caminho de sua viagem da França para Constantinopla, Edessa e Jerusalém. Pólen específico desses lugares foi encontrado incrustado entre as fibras do linho.

Uma confirmação ainda mais convincente do tempo do Sudário de Turim vem da comparação com outra relíquia, o chamado Sudário de Oviedo na Espanha, venerado desde o século VIII como o tecido com que se limpou o sangue da face de Jesus. A sua história está bem documentada e remonta a Jerusalém, um caminho confirmado pela análise do pólen neste caso também. Os quatro evangelistas mencionam que Jesus estava envolto num tecido de linho para sepultamento, e o relato da Ressurreição feito por São João menciona novamente esse tecido num túmulo vazio junto com um "tecido que cobria a cabeça de Jesus" e que ali estava "separado", "não com outras roupas", "num lugar sozinho". O Sudário de Oviedo pode muito bem ser esse tecido, pois o seu tipo sanguíneo (AB) e as manchas de sangue correspondem perfeitamente àquelas da cabeça vistas no Sudário de Turim.

Evidentemente, nunca encontraremos uma "prova" de que o homem cujo sangue está na mortalha e no Sudário era Jesus. Contudo, o que se sabe hoje me dá uma indicação do que desencadeou (não causou!) a crença das testemunhas originais na ressurreição de Cristo, ou seja, um túmulo vazio e uma imagem numa mortalha. Afinal, isso é o que o Evangelho de São João diz sucintamente sobre o discípulo que Jesus mais amou: "Viu [tudo isso]" – os panos de linho num sepulcro vazio – "e creu" (João 20,8).

*

E você? O que você acha que pode provocar a crença dos discípulos na Ressurreição depois de sua desastrosa desilusão na Sexta-feira da Paixão? Há algo em RESSUSCITOU NO TERCEIRO DIA que lhe serve de ajuda em suas horas difíceis? Você conhece pessoas que fortalecidas pela Ressurreição vão, como Jesus, contra a corrente dos caminhos do mundo? (Não precisam ser tão conhecidos quanto Dag Hammarskjöld. Basta "fazer as coisas comuns da vida de uma forma incomum", como George Washington Carver disse.) O que há de mais incomum, a partir de sua perspectiva, em relação à postura assumida por Jesus no mundo? A Ressurreição o incentiva a assumir uma postura semelhante?

SUBIU AOS CÉUS

O que isso de fato significa?

Da mesma forma que DESCEU À MANSÃO DOS MORTOS, SUBIU AOS CÉUS não significa que Jesus Cristo *fez* algo. Da mesma maneira que DESCEU é a elaboração mitopoética da afirmação MORTO, SUBIU elabora a declaração de que Deus o ressuscitou: RESSUSCITOU. Nos séculos em que o Credo foi elaborado, o poder de criar mitos da mente humana era mais abundante do que nestes nossos tempos áridos e desencantados. A imagem dramática de levitação nas nuvens diante de testemunhas celestes e terrestres, no Evangelho de Lucas e nos Atos dos Apóstolos, é prova de uma imaginação fértil que se deleita na visualização vívida de uma convicção firme: Jesus Cristo ressuscitou e está com Deus.

Se quisermos saber o que significava para os primeiros cristãos Cristo SUBIU AOS CÉUS, devemos consultar os especialistas de línguas antigas. A análise linguística do uso do aramaico, hebraico e grego do século I determinou que, no Novo Testamento, "O Céu não é um lugar ou estado". Entretanto, a ideia de um Paraíso no céu está tão arraigada – acreditando ou não que existe – que temos que fazer um esforço para imaginar um significado diferente do termo *Céu*. Então, o que de fato significava? Estudiosos não facilitam as coisas quando dizem que *Céu* era visto como "um ponto de partida dinâmico" a partir do qual o poder de Deus irrompe no mundo. Isso não alimenta a nossa imaginação como um céu nas nuvens faz. Mas se pensarmos em Jesus Cristo como "enviado por Deus" no sentido de ser um embaixador do amor de Deus, ele foi "enviado do Céu" no sentido que a língua inglesa oferece com o significado original de *Heaven* [Céu].[1] O Cristo ressuscitado volta então ao seu ponto de partida; ele sobe – usando uma metáfora diferente – para a fonte da qual jorra o amor de Deus. Evidentemente, isso é a personificação da felicidade, esse aspecto de felicidade engloba também a noção mais conhecida de Céu, a de uma alegria perfeita e ilimitável.

Então, o que essa frase acrescenta à proclamação da ressurreição? RESSUSCITOU proclama que está vivo; SUBIU AOS CÉUS quer dizer com que tipo de vida ele está vivo: com a vida de Deus. Na visão de mundo bíblica, CÉU também é o firmamento, o céu azul, e como tal acredita-se que oculta a casa de Deus que "tem seu trono no céu" (Salmos 11,4; 103,19). Nessa imagem mitopoética, Deus está oculto pelo firmamento. Não podemos ver Deus, mas podemos vivenciar a bênção divina como força vital palpitante nas veias do universo. Cristo ressuscitado está com Deus. Assim, como Deus, Cristo ressuscitado está oculto, escondido. Contudo, o seu poder de tocar os corações dos homens – para a compaixão, amor-próprio, profundo respeito pelo outro – continua a agir no mundo. A sua vida está "escondida [...] em Deus" (Colossenses 3,3); esse é o significado essencial dessa passagem no Credo.

Como sabemos que é assim?

Vivenciamos a vida divina como "escondida". É a vida em toda a vida, escondida como a nascente está escondida na corrente. Podemos sentir a corrente dessa vida oculta guiando todas as coisas de dentro, pulsando como bênção – a corrente sanguínea cósmica – através do universo e do nosso próprio ser mais interior. Mesmo uma consciência passageira

---

[1] O correspondente de *Subiu aos Céus* em inglês é *He ascended into Heaven*. (N. T.)

dessa vida em nós nos dá a certeza de que o seu poder não é passível de desintegração. Todas as formas emergem e desaparecem, mas o que faz sentido para o coração humano é a intuição de que aquilo que Dylan Thomas chamou de "a força que o pavio verde conduz à flor"[2] é em si mesmo indestrutível e retornará finalmente para a sua Fonte oculta.

Praticamente como se fizesse comentários sobre a experiência pessoal de um cristão relativa à passagem SUBIU AOS CÉUS, o mártir cristão Inácio de Antioquia escreveu no ano 107 para a comunidade em Roma: "Há uma água viva que fala dentro de mim e que me diz 'Vem para o Pai'". Aqueles que ousam seguir essa corrente sentirão sua direção.

Por que isso é tão importante?

Tudo isso não seria importante como um "Hurra!" para Jesus Cristo, que subiu ao topo de todas as escadas possíveis. Contudo, é importante, como uma declaração relativa à nossa própria vida mais íntima, a vida de Cristo, uma vida aparentemente tão impotente pelos padrões mundanos, que se poderia duvidar de sua existência completamente. Aqui proclamamos a nossa verdadeira vida como "escondida com Cristo em Deus" (Colossenses 3,3) – "escondida" também no sentido de "encoberta" para proteção – em Deus, cujo poder está escondido na fraqueza, embora esta seja "mais forte do que [a força] os homens" (1 Coríntios 1,25). Dessa forma, SUBIU AOS CÉUS é fortalecedor para todos os homens, independentemente de sua tradição religiosa.

Nas três narrativas da Ascensão no Evangelho e nos Atos dos Apóstolos, distintos em outros aspectos, Jesus ordenou que seus discípulos fossem para o mundo e ensinassem. Embora esse encargo de dar testemunho do Reino de Deus não seja explicitamente citado no Credo, essa Declaração de Missão, como podemos denominá-la, insinua

---

[2] Tradução de Augusto de Campos. (N. T.)

claramente SUBIU AOS CÉUS. Aqueles que proclamam essa passagem do Credo com plena crença assumem para si mesmos o mandato fielmente: "Ide por todo o mundo, proclamai o Evangelho a toda criatura" (Marcos 16,15). Se o Cristo ressuscitado está "escondido em Deus", é somente através da compaixão, do trabalho e da criatividade daqueles que têm fé nele que ele pode trabalhar no mundo.

Uma passagem como a que acabamos de citar mostra as implicações cósmicas das Boas-Novas. Evidentemente, trata-se de um mandato para pregar não tanto por palavras, mas por ações. O Cristo ressuscitado está escondido em Deus, e Deus está escondido no cosmo – em cada mínima partícula dele. A tarefa de proclamar isso "a toda criatura" implica administração responsável do nosso meio. SUBIU AOS CÉUS mostra isso implicitamente, e aqueles cujas vidas refletem a fé proclamada no Credo terão que fazê-lo explicitamente.

Reflexões pessoais

Sempre que você tentar encontrar um presente para um amigo, pense em um poema – um que o emocionou quando se deparou com ele, ou até mesmo um que você mesmo escreveu. Seria difícil encontrar um presente mais pessoal. Alguns dos poemas que acabaram se tornando companheiros de toda a vida para mim foram presentes de amigos. A poetisa Patrícia Campbell Carlson, conhecida por pessoas de todo o mundo através de sua obra extraordinária no site www.gratefulness.org, deu-me uma vez um poema que gosto de voltar a ler todos os anos na Ascensão de Cristo. O Dia da Ascensão chega num momento bonito do ano litúrgico da Igreja, quarenta dias depois da Páscoa. É primavera nos nossos bosques ao redor do *Mount Saviour Monastery*, e o trílio está florescendo – "branco como as vestes de Cristo quando Ele subiu aos céus".

Com um toque simples, a poetisa pega essa grande flor branca – uma somente em cada haste grossa que sai da terra – e a coloca lado a lado com a ascensão de Cristo ao céu com vestes brancas. Habilidosamente, ela tece uma terceira imagem no poema: céu, como o céu desenhado com lápis de cor azul. Crianças desenham o céu acima de casas e árvores como uma linha azul atravessando a parte superior dos desenhos. Somente num estágio posterior do desenvolvimento, elas preenchem o fundo de suas paisagens com o céu azul. Sutilmente, isso sugere uma compreensão mais completa da ascensão de Cristo.

Quando eu era criança, isso foi o que ouvi quando o relato da Ascensão de Cristo foi lido ou pregado: quarenta dias depois da sua Ressurreição – o mesmo período de tempo de quarenta dias da Quaresma na preparação para a Páscoa – Cristo leva os seus discípulos para o Monte das Oliveiras, quando a sua Paixão começou, e lá ele é erguido diante dos olhos deles, subindo ao céu, até que uma nuvem luminosa o esconde. Dois anjos surgem ali subitamente e dizem aos seus discípulos espantados que ele virá novamente – como juiz do mundo no último dia, é o que significa para nós, embora os anjos não tenham dito isso.

Hoje, quando leio a mesma passagem de abertura dos Atos dos Apóstolos, é como se um foco de luz estivesse apontando para trechos e palavras-chave daquele texto no qual eu nunca havia prestado atenção antes. *Testemunha* é a palavra-chave. Em suas últimas palavras, Cristo afirma a seus seguidores que eles serão testemunhas. Isso desvia os nossos olhos do céu e nos faz enfrentar a missão que temos diante de nós. No poder do Espírito Santo, os Apóstolos – e nós – todos levarão as Boas-Novas aos recantos da terra. Isso me faz pensar num destemido grupo de testemunhas, as beneditinas, quase dois mil anos mais tarde e literalmente "no fim da terra", vistas da Galileia. Chegaram na metade do século XIX ao que eram na época os desertos de Minnesota. Elas e suas sucessoras deram testemunho ensinando centenas de milhares de alunos não somente a ler, a escrever e a aritmética, mas também a alegria da beleza, a verdade e a bondade. Hoje, elas assumiram outra missão oportuna e tão importante quanto: estão lutando para evitar um projeto de estrada inútil e preservar a floresta com fileiras de trílio originais. (Essas flores raras demoram cinco anos para florescer desde o momento em que são semeadas.)

*

No vasto mapa de maneiras de dar testemunho "de toda a criação", você encontrou a sua forma pessoal?

Outro foco de luz ilumina também outra passagem que li nestes últimos dias. Antigamente eu achava que Cristo nos deixava quando subia ao céu, agora vejo de forma diferente a sua ascensão e o fato de ser escondido por uma nuvem. A nuvem luminosa – como nos relatos do batismo de Jesus e sua transformação – simboliza a Presença de Deus. Portanto, Cristo está "escondido em Deus". E da mesma forma que a Presença de Deus preenche o universo, a de Cristo também. Este é o "lugar" que ele foi preparar para nós. Esse é o lugar onde espero estar, com ele e nele, quando essa forma ligada à morte, denominada pelo meu nome, não estiver mais aqui.

Agora quando leio que Cristo é "erguido" vejo uma linguagem imagética que faz ecoar uma passagem na epístola para os Efésios que fala de Deus colocando todas as coisas "debaixo dos seus pés" (Efésios 1,22). Como uma bela paráfrase coloca: Deus colocou tudo sem exceção no poder de Cristo, e Deus designou Cristo como chefe da casa de Deus. A comunidade é o corpo de Cristo, e Deus preenche o universo com a toda a plenitude da vitalidade de Cristo. Dessa maneira, quando ajoelho na terra úmida da floresta para ver um trílio bem de frente, vejo nele também o corpo de Cristo, pulsando com vida.

Eu o vejo, e ao mesmo tempo não o vejo. Assim, há uma luz que ilumina outra passagem que eu nunca tinha observado até que o meu querido amigo e venerado professor, Ramon Panikkar, abriu os meus olhos para vê-la. Cristo virá novamente, os anjos dizem a seus discípulos, "assim como vocês o viram ir". Eu costumava pensar: ele foi para cima; ele deve descer. Mas não. Ele voltará "da mesma forma como o viram subir" – elevado (para outro nível do ser) e escondido (em Deus).

Uma criança aprende a colorir todo o céu, como o poema abaixo diz, e eu aprendi a ver que o céu para o qual Cristo subiu está ao meu redor. Ele se torna visível para mim diante do trílio, mas só no momento em que a nuvem da presença invisível de Deus o esconde. É afastando-se que ele vem. É somente no *tê-lo* visto que eu o vejo. Você também? Qual é a sua experiência pessoal do Cristo que ascendeu? A sua presença na ausência é mais facilmente acessível para você na natureza ou em outros seres humanos? De que forma você vê suas mãos e seus pés, seus ouvidos e seus olhos, como sendo potencialmente as mãos, os pés, os ouvidos e os olhos do Cristo que ascendeu?

Trillium

All along this hill: trillium
 White as Christ's robes when
 He ascended into heaven,
rising the breeze free of impediment
on slender stems that stretch below
the moss into the rich, dark dirt.
 What was His stem when
 He went to prepare a place for us?
 Heaven used to be a strip across
 the top of my crayoned page,
 with never any stairs to get there.
 All at once, the bottom drops out.
The trillium draws light from millions
of miles away and streams it down
to even the most secluded root.
 A child learns to color the whole sky.

– *Patricia Campbell Carlson*[3]

---

[3] "Trillium". Copyright © by Patricia Campbell Carlson. Uso permitido.

[*Trílio*

Em toda esta colina: o trílio
      Branco como as vestes de Cristo quando
      Ele subiu ao céu,
Lavando a brisa sem empecilhos
Em finos caules que se esparramam sob
o musgo na terra rica e escura.
      Qual era o Seu caule quando
      Ele foi preparar um lugar para nós?
      O céu costumava ser uma faixa que se estendia
      No alto da minha folha colorida,
      Sem escadas para chegar até lá.
      De repente, o fundo desaparece.
O trílio atrai luz a milhões
de milhas e a derrama
nas raízes mais isoladas
      Uma criança aprende a colorir todo o céu.]

ESTÁ SENTADO À DIREITA DE DEUS PAI TODO-PODEROSO

O que isso de fato significa?

Esta é outra imagem poética na série de afirmações que revelam e explicam as implicações da ressurreição de Cristo. Justificação (RESSUSCITOU) e exaltação (SUBIU) culminam aqui em atribuição de poder (À DIREITA DE DEUS PAI). Sentado no trono, Cristo é descrito aqui como exercendo o poder supremo – que só pode significar o poder do amor, o único poder supremo que existe. Diga o nome do seu santo favorito – uma testemunha do amor heroico em qualquer das tradições do mundo –, e você terá dado um exemplo de exercer o poder do amor. Evidentemente, é na fraqueza que os santos exercem o poder. "Quando sou fraco, então é que sou forte", disse São Paulo (2 Coríntios 12,10). São Francisco e Mirabai, ambos cantores extáticos do amor divino; Ramakrishna e Catarina de Siena, místicos de diversos continentes em diversos séculos; Florence Nightingale e Mary MacKillop, ajudam os desprotegidos: eram todos pobres e fracos, e mesmo assim exerceram o poder transformador do mundo. C. S. Lewis falou desse poder como "a união de uma reverência e de um amor soberano". Como "pessoa à direita de Deus", Jesus ocupa a posição de maior autoridade. A proclamação da autoridade de Cristo nesta frase do Credo indica a próxima que esclarece a realização dessa autoridade: JULGAR.

Para alguém que não pode apreciar imagens poéticas e míticas, essas passagens no Credo não significarão nada. É preciso adquirir essa sensibilidade, não somente ser capaz de entender o Credo, mas ter plena apreciação da melhor parte da vida – das peças de Shakespeare aos poemas de Rumi e de *Bhagavad-Gita* a qualquer carta de amor escrita. Todas as crianças têm olhos, ouvidos e corações de poetas. Só precisam de um mínimo de motivação – alguém que olhe quando veem um percevejo e gritam "Olha!", alguém que ouça com eles aos vários sons da água, ou do vento. Precisamos dar às crianças tempo para de fato conhecer uma árvore, cheirá-la, tocá-la, subir nela, aprender o seu nome em vez de somente chamá-la de "árvore". Precisamos dar a elas bastante tempo para poderem sonhar acordadas. Mais tarde, quando nos apaixonamos, temos uma nova chance de deixar o nosso coração falar a sua língua natal: a poesia. O amor romântico fica atado à língua até encontrar suas próprias palavras poéticas. Este seria o momento certo para os professores de língua para iniciar os estudantes adolescentes aos grandes poemas de amor e incentivá-los a escrever os seus próprios. É um simples acaso que tantos desistam dos estudos do catecismo justamente na mesma idade em que perdem interesse por poemas? Somente pessoas com um espírito poético saudável poderão apreciar o que a maioria das passagens do Credo de fato significa.

Como sabemos que é assim?

Esta frase não contém "informação" nova, não acrescenta nada ao que já sabemos. Simplesmente comunica mais uma implicação da fé em Jesus Cristo como vivo e ativo. Sabemos que o destino de Jesus se repete permanentemente na história. É a sorte de todos que procuram viver com integridade, guiados por sua luz interior e sua luta por justiça. Os autoritários cuja pseudoautoridade age neste mundo tentarão aniquilá-los. Aniquilaram Martin Luther King Jr., que me vem à mente como um exemplo entre inúmeros outros. Mas apesar de não ter vivido para ver a realização do seu sonho, ele sabia que "o arco da história é longo, mas ele se curva em direção à justiça". A autoridade autêntica que usa o seu poder para dar poder a outros por fim vencerá convencendo as pessoas. O nosso profundo Eu autêntico ressoa com essa convicção. Sabemos, assim, que Deus defenderá todas as testemunhas da justiça, como Deus defendeu Jesus Cristo SENTADO À DIREITA DE DEUS PAI TODO-PODEROSO.

O título de SENHOR, que demos a Jesus Cristo anteriormente no Credo, implica tudo isso. E a referência AO PAI TODO-PODEROSO implica que o tipo de poder e autoridade de que o Credo fala não é a de um potentado autocrático, mas de um pai amoroso. O amor é todo-poderoso porque aquele que sofre de tremenda injustiça, aflição e até mesmo morte, com amor pode dar significado a tudo isso. E significado é finalmente o que importa. Assim sabemos no nosso coração que a autoridade do amor com a qual Jesus ensinou e agiu permanece válida mesmo além do tempo. Nenhum sofrimento pode anular a autoridade do amor. E o Credo proclama a sua autoridade.

Por que isso é tão importante?

A série de defesa das afirmações no Credo (RESSUSCITOU, SUBIU, ESTÁ SENTADO, DEVE VIR PARA JULGAR) vai passo a passo mais diretamente de Jesus Cristo para *nós*, martelando a importância da sua ressurreição e sugerindo cada vez mais claramente as implicações para o coração de todo homem.

Ao proclamar Jesus Cristo investido de autoridade divina, nós a reconhecemos como ressoante da autoridade do nosso próprio eu autêntico. E reconhecendo assim o que Jesus Cristo representa sendo autoritário para nós, nós apoiamos a sua postura em defesa da paz, da justiça, da não violência e da compaixão. Nós o apoiamos confortando os enfermos, alimentando os famintos, abraçando aqueles que não são amados e substituindo a indiferença por cuidado.

A verdadeira dignidade de cada ser humano é solenemente declarada quando afirmamos que Jesus Cristo – representando o que há de melhor no homem – ESTÁ SENTADO À DIREITA DE DEUS.

Reflexões pessoais

O ponto culminante da minha viagem pelo norte da Itália foi olhar a abside da Basílica de São Vital em Ravena. Um jovem Cristo imberbe está sentado – não num trono, mas no próprio cosmo, representado como uma esfera azul radiante, flutuando num fundo dourado que representa o mistério divino. A sua mão esquerda está segurando um livro apoiado no seu joelho; o seu braço direito está esticado para entregar uma coroa de vitória para São Vital. Há um anjo de cada lado, um à direita colocando a mão no ombro de São Vital, o outro estendendo a sua ao bispo que construiu essa igreja e carrega um modelo dela no seu braço. Toda a figura de Cristo parece vibrar de vitalidade. O seu pescoço é o de um atleta. Os seus enormes olhos escuros sob suas sobrancelhas bem arqueadas são os olhos de um poeta. Há uma aura delicada ao redor da sua cabeça que combina um círculo com uma cruz cósmica. Os seus pés estão firmemente fincados no chão coberto de flores e os quatro rios do Paraíso jorram. Mas como os olhos estão para cima, o corpo desse Cristo parece flutuar para cima também, em direção a nuvens rosadas suspensas no dourado do céu.

Ao ficar ali fitando com olhos bem abertos, senti arrepios de pura beleza emanada pela imagem. Mas algo me tocou de maneira profunda: a minha consciência de estar diante de um monumento da dignidade humana, da dignidade suprema mesmo dos desprezados, abandonados, esquecidos. Pascal sabia disso, e a imagem de Cristo no "trono" mostrou isso diante dos meus olhos – que o homem ultrapassa infinitamente o (meramente) homem: *L'homme dépasse infiniment l'homme.*

Jesus Cristo no trono – uma imagem coroando o altar e preenchendo a abside de uma basílica esplendorosamente dourada. Cerca de quinze séculos mais tarde, vemos esse mosaico com todo o frescor de sua grandeza original. Quando as obras acabaram e aqueles que encheram essa igreja puderam ver pela primeira vez esses mosaicos, a esperança de vida média dos homens e das mulheres que a fitaram com olhos bem abertos talvez fosse de trinta anos. E aqueles poucos anos eram cheios de dificuldades inimagináveis para os turistas que vão ali hoje e ficam onde esses homens ficaram. Como deviam se sentir essas pessoas comuns e desfavorecidas ao longo de séculos quando entravam nessas igrejas para ver uma forma humana – a sua própria – elevada a semelhante glória?

Tive a mesma experiência numa situação muito improvável. Era um péssimo momento na minha vida quando vi a extraordinária glória humana brilhar através do rosto de duas dúzias de homens que transformaram uma caserna cheia e malcheirosa num lugar sagrado. Tropas alemãs que avançavam tinham "liberado" o vilarejo na Rússia que os ancestrais desses homens haviam fundado como uma pequena ilha da cultura alemã séculos atrás, e esses homens jovens ainda falavam uma forma de alemão que se falava na época. As suas esposas e os seus filhos estavam agora num campo de refugiados, e eles, tanto quanto eu, tinham sido obrigados a integrar o exército alemão.

Não me pergunte por que acabei indo para o pelotão deles, o único que não era do vilarejo. A única razão que posso ver, pensando agora na situação, é a seguinte: eu testemunhava a glória de Deus – seres humanos totalmente vivos – no meio da rotina diária do campo de treinamento. Tudo parecia tão comum, mas ainda posso rever o filme, praticamente uma vida mais tarde, do choque cultural que vivi. Eram autênticos seres humanos na sua melhor forma, mesmo naquela situação tão horrível. Riam alegremente, apesar de tudo. Ousavam chorar e tinham muitas razões para tanto. Brincavam bastante, mas nunca ouvi um palavrão – e isso, numa caserna, é preciso lembrar. Ainda me recordo como falavam de um beliche para outro, quando as luzes estavam apagadas, sobre suas famílias, com tristeza. Eles manifestavam uns com os outros (e comigo) uma gentileza e um cuidado que se espera de um pelotão de monges – monges delicados.

No dia em que os treinamentos básicos terminaram, foram enviados para as linhas de frente. Por que me deixaram? Nunca soube. O trem em que estavam, por causa de algumas linhas cruzadas no quartel, levou-os diretamente para uma estação que as tropas russas tinham ocupado. Legalmente eles eram cidadãos russos, portanto, traidores. Nunca se teve notícia deles. Mas quando vejo a imagem de Cristo em glória, através de seus olhos, os olhos de cada um desses homens olham para mim.

*

Quando e onde *você* teve esse contato de olho no olho com a dignidade humana indestrutível? E se você acha que isso nunca aconteceu com você, como acha que seria se acontecesse? Que fé você vê em Cristo, o típico humano, humilhado pelos poderes, mas elevado por Deus à posição de mais alto poder, que agiria pelos oprimidos e explorados no mundo hoje? Você acha que a poesia pode se tornar a língua da revolução não violenta? E você vê esse poder da poesia numa frase como ESTÁ SENTADO À DIREITA DE DEUS PAI TODO-PODEROSO?

DE ONDE HÁ DE VIR A JULGAR OS VIVOS E OS MORTOS

O que isso de fato significa?

As palavras iniciais DE ONDE faz alusão à frase anterior do Credo e indica que o poder de JULGAR é um aspecto adicional da defesa, da exaltação e da autorização que a Ressurreição implica. Temos uma imagem de espelho aqui. Três frases revelam o que significa Jesus Cristo RESSUSCITOU. Correspondem a três frases que indicam o que CRUCIFICADO implica. Três imagens negativas levam a DESCEU, e isso corresponde a SUBIU, com a qual as três imagens positivas para a sua ressurreição começam. Aquele que desceu ao inferno agora sobe ao céu. Aquele que foi sepultado no lugar da fraqueza suprema, o túmulo, agora está no trono, no lugar do poder supremo, "à direita de Deus Pai". Aquele que morreu, morto pela injustiça, agora vem como juiz fazer justiça entre os mortos e aqueles que de fato vivem.

Nessas imagens espelhadas, o Credo mostra palavras de grande beleza.

Para descobrir o que significa JULGAR OS VIVOS E OS MORTOS, devemos cavar, como os arqueólogos, camadas mais recentes de interpretação para buscar as primeiras, mais básicas. A camada superior é um mal-entendido muito frequente, que brota quando lidamos com poesia literalmente – um problema que encontramos antes.

Palavras de Jesus sobre o julgamento divino, que o seu contexto no Evangelho mostra que pertencem a uma forma literária chamada de "apocalíptica", são consideradas como previsões de uma história futura. A palavra grega *apokalypsis* significa "a elevação de um véu", uma "revelação" da vontade de salvação de Deus. Quando Jesus fala de uma nova ordem, causada pela vontade de Deus, para julgar o sistema de dominação e defender os oprimidos, ele usa imagens poéticas de eventos mundiais cataclísmicos. Isso é típico do estilo apocalíptico do seu período, como, por exemplo, no livro da Revelação (também denominado Apocalipse). Mas uma mentalidade posterior deixa de considerar essas imagens como reveladoras da vontade de Deus através da metáfora, mas como reveladoras do futuro. Agora, a "Segunda Vinda" é vista como um evento no fim dos tempos, quando Jesus Cristo virá "novamente", dessa vez como juiz. Michelangelo representa essa visão de maneira avassaladora. Uma camada mais primitiva da interpretação não torna histórica a reviravolta de fortunas, mostra simplesmente o significado de que seus inimigos o julgaram, mas agora ele julgará seus inimigos. No próximo nível mais profundo, encontramos a intuição subjacente na sua forma crua: "Toda má conduta acabará encontrando a sua retribuição". No nível mais profundo, essa intuição surge da consciência existencial de que a justiça não pode ser permanentemente reprimida. Nas nossas experiências mais extremas, por exemplo, podemos intuir esse aspecto da realidade de forma mais convincente, apesar de toda a injustiça que vemos diariamente ao nosso redor. A busca psicológica de Maslow mostrou que muitas pessoas, a quem ele perguntou sobre suas experiências extremas, revelaram a profunda visão de que a justiça é simplesmente uma qualidade básica do ser (um valor B, nos termos de Maslow).

Dependendo da nossa compreensão de JULGAR, o significado de OS VIVOS E OS MORTOS será diferente. No plano superficial, significa aqueles ainda vivos na Segunda Vinda e aqueles que morreram antes. No plano mais profundo, significa que somente aqueles cujas vidas estão em sintonia com a justiça divina estão verdadeiramente vivos, os outros estão mais mortos do que vivos. A justiça é uma questão de vida e morte, visto que é um aspecto do nosso ser.

Compreendido corretamente, Jesus Cristo não julga fazendo, mas simplesmente sendo – não o juiz, mas o julgamento. Uma cadeira bem construída julga dessa forma um trabalho malfeito, Dag Hammarskjöld julga os políticos, Cesar Chavez julga os organizadores sindicais, e qualquer ser humano exemplar – por exemplo, Dorothy Day – julga toda a nossa sociedade. Nesse sentido, o padrão supremo da vitalidade estabelecido por Jesus Cristo é um julgamento não somente sobre a indiferença fria dos espiritualmente MORTOS, mas também sobre a pouca sensibilidade daqueles que, na frase acertada de T. S. Eliot: "continuaram a viver. VIVENDO e vivendo parcialmente".

E essa é uma coisa boa. Pois devemos distinguir justiça de vingança. Julgar não significa punir, mas fazer as coisas da maneira certa. A verdadeira justiça "justifica" da mesma forma que uma impressora justifica as linhas em uma página, endireitando as margens. No Credo, julgar significa restabelecer a sabedoria divina e a compaixão como o princípio de uma nova ordem mundial. As próprias leis da velha ordem, sob as quais vivemos, nascem do ódio, da avidez, da ilusão e da perpetuação da injustiça. "Normalidade exploradora" é assim que J. D. Crossan chama esse estado de disfunção social terminal. Ao contrário, uma ordem mundial justa vem do amor em ação.

Como sabemos que é assim?

Se a frase HÁ DE VIR A JULGAR OS VIVOS E OS MORTOS se refere a um evento futuro que se acredita que acontecerá, ninguém pode saber se é verdadeira ou falsa. Teremos que esperar e ver. Se, contudo, refere-se ao lugar da justiça no plano das coisas, a experiência nos permite avaliar as suas alegações. A justiça não é uma questão de leis impostas, como se impõe, com cortadores de biscoitos, padrões na massa lisa; é mais como o fermento na massa, faz as coisas funcionar de dentro.

A justiça põe a realidade em sincronia com o ser. Vivemos isso nos nossos momentos extremos, quando abandonamos ideias preconcebidas e estamos frente a frente com a realidade. Conhecemos a justiça intuitivamente e num nível muito mais profundo do que noções de certo e errado que foram inculcadas em nós, ou das quais voluntariamente nos apropriamos. Mesmo quando agimos injustamente, sabemos o que é justo. Mesmo a nossa ira contra o que achamos que é *in*justiça de Deus vem de uma convicção imperturbável de que as coisas certas vencem no fim.

Por que isso é tão importante?

Quando encontramos nessa frase do Credo, sob imagens míticas, suas implicações práticas, percebemos como pode ser útil colocar a nossa vida em ordem. Sempre que uma ordem autêntica se revela – digamos, no crescimento gota por gota de um sincelo, no desenvolvimento de um caroço de cereja numa árvore, ou de dois amantes numa família – esse processo segue uma lei, não imposta de fora, mas inerente a ele, e a lei dentro de todas as leis é sabedoria e amor. A ordem nunca é estática; é um desdobramento dinâmico, em constante mudança, como as imagens num caleidoscópio.

Na natureza, tudo o que fitamos se mostra "justificado" – em harmonia com a ordem divina. Se virmos o amor como "todo o Sim à pertença", a natureza é o grande exemplo do amor nesse sentido: tudo na natureza é uma grande celebração da mútua pertença de tudo a tudo. Só nós, humanos, introduzimos a fissura da alienação no tecido sem costura da ordem natural. Todavia, os nossos corações intuem a sonda da justiça de Deus, e Jesus Cristo torna isso explícito. O psicólogo de Harvard Lawrence Kohlberg (1927-1987) mapeou as fases do desenvolvimento moral ao longo do tempo de vida de uma pessoa. Ele alega que a justiça é a característica fundamental do pensamento moral. O coração procura endireitar-se de acordo com a justiça, da mesma forma que a agulha de uma bússola se endireita de acordo com um norte magnético. Kohlberg concorda com a sabedoria de grandes líderes morais como Gandhi, Cesar Chavez ou Martin Luther King: o princípio de justiça requer que respeitemos a dignidade básica de todos os seres humanos. A justiça se aplica a todos, portanto, ela é universal. Na verdadeira prática, Kohlberg diz, podemos chegar a decisões justas vendo uma situação através dos olhos de outros. Observe como essa atitude de profunda empatia exemplifica "o Sim à pertença". É um Sim ao que o monge e professor budista vietnamita Thich Nhat Hanh chama de "Interser". A justiça não está enraizada na lei, mas no amor. Contudo, independentemente da obviedade das indicações gerais da sabedoria e do amor, o processo de nos orientarmos de acordo com isso se torna extremamente difícil pela complexidade das circunstâncias da vida. Basta pensar nas decisões políticas, econômicas e ambientais – e de alguma maneira todo o mundo é uma pessoa que "toma decisão".

Jesus viveu e morreu pela justiça (para a qual "retidão" é simplesmente o termo que perdoa tudo). Cristais, líquens, formigas, leopardos e Jesus – cada um à sua maneira e nível – nos dão exemplos de justiça pela forma como vivem seu grande Sim à pertença; desse modo, eles também nos "julgam", assim como a nossa forma de viver. A nossa decisão de viver da melhor maneira possível de acordo com a justiça de Deus é a fronteira que atravessa o reino dos MORTOS para a terra dos VIVOS.

Esse tema da terra dos vivos constitui a transição para a próxima parte e final do Credo, que será dedicada ao Espírito Santo, à fagulha, à chama e à labareda de toda a vida em todos os planos.

Reflexões pessoais

De onde vem essa imagem atemorizante que temos da "Segunda Vinda" de Cristo? Como Michelangelo concebe a ideia, representada no seu Juízo Final na Capela Sistina, que a Madonna teria que esticar o seu véu de forma bem apertada ao redor de sua cabeça e seus ombros e desviar os seus olhos do gesto violento do seu filho, o Juiz do Mundo? Sim, eu admito ter raiva de alguns chefes de Estado criminosos e de seus conselheiros econômicos e, às vezes, desejo um juiz desse tipo. Nos meus melhores momentos, contudo, sei que a paciência de Deus pode realizar mais através de "uma doce habilidade persistente", como Gerard Manley Hopkins descreve, do que com raios destrutivos e ruídos de trovões de julgamento. Dessa forma, faço minha a oração do poeta, ressaltando o "melhor, melhor ainda".

With an anvil-ding
And with fire in him forge thy will
Or rather, rather then, stealing as Spring
Through him, melt him but master him still

[*Com um retinir da bigorna*
E com fogo nele se forja a tua vontade
Ou melhor, melhor ainda, infiltrando-se como a Primavera
Através dele, derrete-o mas ainda o domina]

Os meus versos favoritos sobre a "Segunda Vinda" de Jesus Cristo estão na história escrita por Truman Capote "Uma Lembrança de Natal". Nesse texto autobiográfico de grande sensibilidade, o autor descreve o seu último Natal com a senhora que o criou. O autor tem sete anos na época, ela tem uns sessenta, uma alma infantil radiante de beleza interior. Um é o melhor amigo do outro. No dia de Natal, os dois estão deitados na grama, empinando os papagaios que fizeram de presente um para o outro. De repente, a senhora vive um momento de visão mística. Ela reconhece que anteriormente ela havia imaginado Cristo na Segunda Vinda brilhante como as janelas numa Igreja Batista, a luz do sol se esparramando pelo vidro colorido. Mas agora ela percebe com grande surpresa e deleite que o que ela sempre viu – o que sempre vemos ao nosso redor – é Cristo na glória, aqui e agora.

*

É possível que a verdadeira "Segunda Vinda" de Cristo seja somente um olhar mais atento, portanto, um julgamento da nossa incapacidade de ver que ele estava vindo todo esse tempo? Você tem lembranças de momentos que o ajudaram a "endireitar" a sua vida de acordo com a sonda de uma ordem divina inerente? Você viveu esses momentos como um ruído de trovão, ou melhor, como um degelo suave na primavera? Como soam para você as palavras do poeta místico espanhol São João da Cruz: "No fim da vida, seremos julgados *pelo amor*"?

CREIO NO ESPÍRITO SANTO

O que isso de fato significa?

A repetição do solene CREIO indica que outra parte do Credo começa aqui, a terceira e última. Não indica uma terceira coisa em que cremos. Só há um alvo na direção do qual a fé suprema lança as diversas afirmações do Credo como tantas flechas abrasadoras: o Essencialmente Verdadeiro (também conhecido, no Credo da linguagem menos pomposa, como Deus). Vivemos a nossa relação com esse ponto de referência singular de confiança existencial de três formas distintas:

1. Encontramos o nosso Eu mais íntimo aberto para Deus como o horizonte derradeiro.

2. Continuamos a descobrir Deus como o mistério crescente que somos para nós mesmos

3. Respiramos a cada respiração Deus como nossa própria vida, o Espírito Santo.

Isso explica por que há três partes no Credo.

ESPÍRITO significa respiração vital, vida – a respiração dentro de cada respiração nossa. Podemos ter consciência de nossa vida limitada como uma participação numa vida ilimitada experimentada como puro presente: O ESPÍRITO SANTO. Na linguagem bíblica, o extremo oposto do ESPÍRITO é a "carne" – carne que deixou de respirar. Carne significa tudo o que está ligado à deterioração física ou à putrefação e à frustração em qualquer plano da existência. A polaridade da carne e do espírito nunca deve ser confundida com a relação de complementaridade do corpo e da mente.

O ESPÍRITO divino é chamado de SANTO no sentido de inspirador e fascinante. Onde quer que a força da vida brote nua e com poder irresistível, ela nos seduz e nos causa temor. Esse duplo aspecto do sagrado caracteriza toda consciência do ESPÍRITO SANTO.

Como sabemos que é assim?

Podemos ter consciência de que viver não é algo que *fazemos,* como correr ou cozinhar, trata-se antes de um processo do qual participamos por tudo o que fazemos ou sofremos. Esse processo existe ao mesmo tempo dentro e além de nós. Podemos compreendê-lo não através da análise intelectual, mas somente pela experiência. Podemos distinguir níveis ou graus dessa vitalidade. A sua refeição preferida levará a sua vitalidade a certo nível; a sua música preferida a levará a um grau mais elevado; segurar o seu primeiro filho nos braços a fará subir a um patamar superior. E você pode ainda se encontrar numa situação em que o seu sentido de vitalidade física é diminuído por uma doença ou por envelhecimento, emocionalmente você se sente para baixo, mesmo a sua vitalidade mental parece decrescida, e ainda assim, precisamente nesses momentos, você pode ter consciência de uma profunda intensidade interna, uma chama de vida, firme e forte apesar do enfraquecimento da sua vitalidade. A nossa tendência é não prestar atenção nessa chama íntima da nossa vitalidade quando essa vitalidade global está mais forte. Quando ela anima o nosso desejo pelo Supremo e nos dá força para servir os outros, os cristãos chamam essa vitalidade dentro da nossa vitalidade do ESPÍRITO SANTO. Qualquer ser humano pode ter a experiência dessa força de vida transcendente, independentemente do nome que se dá a ela.

Por que isso é tão importante?

A questão relativa a CREIO NO ESPÍRITO SANTO não é afirmar a opinião de que há "uma Pessoa divina chamada Espírito Santo". Aqueles que proclamam essa frase no Credo expressam dessa maneira sua profunda confiança na vida – na vida que pulsa através do nosso corpo e anima o nosso próprio ser, a vida que compartilhamos com tudo o que é vivo, a vida que é essencialmente a nossa participação da vitalidade divina. Confiar na vida significa ter fé de que o fluxo da vida sempre nos trará aquilo de que precisamos, embora não seja sempre aquilo que queremos. Se de fato confiamos na vida, não desperdiçaremos a nossa energia indignados, desejando que as circunstâncias da nossa vida sejam diferentes do que de fato são; ao contrário, usaremos toda a nossa energia para reagir adequadamente à situação – para que floresça onde plantamos.

As pessoas que têm fé na vida são como nadadores que se entregam a um rio impetuoso. Não se abandonam à sua corrente, tampouco resistem a ela. Procuram antes ajustar cada movimento seu ao curso da água, usam-na com propósito e habilidade e desfrutam dessa aventura.

O que poderia ser mais decisivo para a nossa perspectiva de vida e nossa atitude em relação a ela do que essa confiança básica? Quanto mais despertamos para o mistério da vida, mais ficamos surpresos com o dom inestimável que é estar vivo. Perceber isso nos torna mais gratos a cada batimento cardíaco, a cada respiração. Esta vida que agradecemos, por sua vez, leva a uma alegria crescente na vida.

As próximas partes do Credo mostram, passo a passo, o que já está implícito em CREIO NO ESPÍRITO SANTO. Ao contrário de especulações teológicas sobre a vida interior de Deus, o nosso Credo não pressupõe mais do que podemos deduzir a partir de plena consciência da nossa própria vida interior. Isso também deve ser o foco deste nosso estudo.

Reflexões pessoais

No fim dos anos 1960, Ann Arbor, em Michigan, era conhecida como "a pista de aterrissagem do Espírito Santo". João XXIII, o "Papa bom", como o mundo inteiro o chamava com afeto e admiração, havia rezado para "uma nova efusão do Espírito Santo", mas ele não podia ter previsto como a sua oração seria respondida de forma tão avassaladora. A começar por uma verdadeira explosão de dons espirituais durante um retiro de estudantes na Universidade Duquesne em fevereiro de 1967, o Movimento Carismático surgiu na Igreja Católica e se espalhou com grande rapidez em todas as partes do mundo. Subitamente surgiram "orações em línguas" extáticas, declarações proféticas e o dom da cura, já muito conhecidos em Igrejas Pentecostais, agora praticados em qualquer paróquia convencional. Pouco tempo antes, lembro-me de perguntar numa aula de teologia por que esses dons, tão óbvios nos primeiros tempos da Igreja, não estavam mais em evidência. O meu professor me garantiu que essas manifestações extraordinárias do Espírito Santo não eram mais necessárias, pois instituições da Igreja as haviam substituído. Bem, foi graças à Igreja institucional que – com cuidado mas firmemente – essa renovação espiritual de base encontrou apoio. Sob a liderança de Ralph Martin e Stephen Clark, a Comunidade da Palavra de Deus em Ann Arbor se tornou o centro espiritual desse movimento.

Também era a época do Movimento da Casa de Oração, uma redescoberta feita por comunidades religiosas ativas de seu núcleo contemplativo, e eu tinha sido convidado para ajudar a fundar mais de uma dúzia dessas casas para a vida monástica temporal em Michigan.

Como era de esperar, desenvolveu-se uma troca cheia de vitalidade entre os dois movimentos. Muitos iam regularmente de suas silenciosas casas de oração para os encontros fervilhantes de oração carismática. Muitos de nós estávamos preparados para o batismo no Espírito Santo, uma renovação do comprometimento de batismo junto com uma abertura especial ao poder dos dons espirituais de Deus. Eu havia escolhido para mim a data de 20 de julho para essa cerimônia, porque nesse dia faria 43 anos de batismo. Eu mal podia imaginar o que viria acrescentar mais significado àquela data em 1969. Ao sair da sala de oração, esfuziante, a primeira coisa que vi foi a lua cheia no topo de uma janela alta. Uma pequena multidão de pessoas estava no *hall*, diante de um aparelho de televisão. Ficaram num silêncio impressionante, assistindo ao vivo o momento em que o primeiro ser humano colocava os pés na superfície da lua. "É um pequeno passo para um homem, um salto gigantesco para a humanidade", ouvimos Neil Armstrong dizer.

O momento não poderia ser melhor para mim; foi perfeito. Até hoje, mal posso acreditar como tudo se encaixou tão bem para compreender uma última percepção: sim, o Espírito Santo incita os nossos corações ao fervor religioso, mas a busca apaixonada e paciente dos cientistas, a criatividade dos artistas, dos músicos e dos escritores, e a perspicácia de homens e mulheres que se dedicam a servir os outros em milhares de campos do empenho humano, tudo vem do mesmo Espírito Santo.

*

Cada corda de uma harpa eólia responde com uma nota diferente à mesma brisa. Que atividade lhe permite ressoar de maneira mais intensa, profunda, ao vento do Espírito que sopra onde deseja? A excitação do Movimento Carismático nos anos de 1960 e 1970 se acalmou, mas as igrejas convencionais não voltarão mais a ser as mesmas. Inúmeros cristãos aprenderam a testar a doutrina através da experiência e não voltarão a submeter a experiência pessoal de maneira não crítica à doutrina oficial. Como você avalia o pensamento independente nas questões religiosas? Ele tem limites que deveriam ser respeitados? Como você vê o papel do ESPÍRITO SANTO em relação a essa questão? De acordo com a sua experiência, onde o Espírito está agindo no mundo de hoje?

NA SANTA IGREJA CATÓLICA

O que isso de fato significa?

Essa frase do Credo traz uma implicação da afirmação anterior: fé no Espírito implica fé na IGREJA. Mas por quê? E o que a IGREJA significa? Viver é sempre uma interação com outros inúmeros seres vivos – uma comunidade de plantas, animais, humanos e as forças superiores invisíveis operando no mundo. O simples fato de reconhecer isso é um passo importante; mas colocar a sua confiança nessa inter-relação e agir como se age em relação àqueles com quem temos ligação é um passo fundamental. Como a vida é justamente o que compartilhamos com uma comunidade que inclui todos os seres vivos, ela nunca pode ser uma questão privada. O que uma pessoa faz afeta a todos. E fé no Espírito, Fonte de toda Vida, significa fé na comunidade: a SANTA IGREJA CATÓLICA é essa comunidade.

O Espírito Santo cria uma comunidade SANTA. "Todos os que são conduzidos pelo Espírito Santo são filhos de Deus" (Romanos 8,14). Isso significa que todos aqueles que vivem em harmonia com a dinâmica divina presente na natureza e na história constituem a comunidade denominada IGREJA. É para essas pessoas que devemos olhar – tanto dentro quanto fora das igrejas institucionais – se quisermos encontrar a SANTA IGREJA. Essa frase do Credo não declara que uma instituição particular denominada "igreja" é santa – que manifesta vida divina. Trata-se antes do contrário: onde quer que a vida divina se manifeste em comunidade, estamos em presença da IGREJA, a *Ecclesia*, a comunidade daqueles que seguem o chamado do Espírito.

O Espírito onipresente que "preenche todo o universo e fala cada língua", como a comunidade cristã canta na festa de Pentecostes, o Espírito que "mantém unidas todas as coisas" (Sabedoria 1,7) cria o abrangente, ou seja, a comunidade CATÓLICA. Compreendido corretamente, CATÓLICO (do grego *katholicos* ou "abrangente") não é um rótulo protegido por direitos autorais para um determinado setor do cristianismo (um "setor abrangente" para começar é um paradoxo). Em vez disso, homens e mulheres em qualquer parte do mundo e em qualquer período da história que serviram outros por um sentido de pertença universal nos mostram o que significa pertencer à comunidade que merece ser chamada de IGREJA CATÓLICA.

A primeira definição de fé CATÓLICA que a tradição católica desenvolveu hoje ainda é válida e valiosa. Vista sob uma nova luz e compreendida em seu contexto contemporâneo, essa definição, proposta por Vicente de Lérins por volta do ano 450 da Era Cristã, pode ser útil de uma nova maneira. Vicente descreveu a fé CATÓLICA como uma fé que existiu sustentada "por todos, em todos os tempos, em todos os lugares". Na sua época, "todos" significava todos os cristãos. Mas o nosso horizonte ficou mais amplo. Para nós, "todos" significa todos os seres humanos. Não é mais possível uma compreensão mais limitada da catolicidade. Verdadeiramente CATÓLICA é somente essa fé na Vida e sua Fonte suprema que todos os homens compartilham. Permanece viva nos corações dos homens que nem mesmo têm consciência dela. Pode ser despertada por qualquer tradição religiosa.

A fé católica não é um ramo específico da fé cristã, mas a fé cristã é uma forma particular de fé católica, ou seja, universal. A IGREJA CATÓLICA, na qual se tem fé, é a comunidade de *todos* que têm fé, independentemente das religiões do mundo a que pertencem.

É compreensível que muitas comunidades cristãs hoje substituam a palavra CATÓLICA no Credo por "cristã", em reação à Igreja Romana que se vê como a única que pode se chamar de CATÓLICA – uma *ex*clusividade que contradiz o aspecto *in*clusivo desse termo. Seria mais fiel ao espírito do Credo, contudo, traduzir a palavra CATÓLICA por "abrangente" em vez de substituí-la por um termo mais estreito, mesmo o termo "cristão".

O Credo quer mostrar, ponto por ponto, o que a fé em Deus implica. Umas dessas implicações é a IGREJA, uma comunidade viva inspirada por Deus vivo. Na história, qualquer comunidade desse tipo precisa de uma estrutura institucional. Mas é possível ter fé no seu sentido pleno somente em Deus, nunca numa instituição.

Qualquer comunidade cristã só pode perceber um fragmento do todo CATÓLICO. Como membro dessa comunidade cristã cuja instituição se denomina "católica", sou profundamente grato à minha Igreja pelos inúmeros dons que recebi dela. O maior dom, contudo, é este: dentro da estrutura da minha Igreja, tive vislumbres da IGREJA. É essa IGREJA na qual professo a minha fé quando recito o Credo – verdadeiramente a SANTA IGREJA CATÓLICA, uma comunidade que faz explodir toda estrutura.

Como sabemos que é assim?

Começamos com o Espírito como uma realidade experiencial. Percebemos que a vida, portanto, a vida no Espírito, sempre é vida em comunidade. Uma comunidade que dá expressão ao Espírito – através de vitalidade plena e autêntica – terá as marcas do Espírito. Será SANTA – mediando um encontro com o divino e manifestando a energia criadora de vida do Espírito, em oposição às forças autodestrutivas do medo, da violência e da opressão. E será CATÓLICA – uma comunidade abrangente de comunhão e cuidados universais, em oposição à cobiça, à exploração e ao preconceito. Os cristãos chamam essa comunidade de IGREJA, que significa originalmente "a casa do Senhor". "Pois o Senhor é o Espírito," como São Paulo escreve, "e, onde se acha o Espírito do Senhor, aí está a liberdade" (2 Coríntios 3,17). Você pode identificar a verdadeira comunidade da IGREJA pela liberdade que ela lhe permite experimentar, tanto pelo suporte que ela dá quanto pelas escolhas que deixa em aberto.

Seria difícil chegar a essa compreensão se começássemos por uma determinada igreja institucional e continuássemos a demonstrar que ela é SANTA e CATÓLICA. Poucos ficariam convencidos. Podemos esperar e confiar, contudo, que muitos membros de cada igreja institucional pertencem também à IGREJA como comunidade no Espírito Santo. Na melhor das hipóteses, as igrejas podem se tornar janelas através das quais podemos olhar, e portas através das quais podemos entrar, a IGREJA.

Por que isso é tão importante?

Nossas vidas são moldadas pelas comunidades às quais pertencemos. Há comunidades cujos membros estão ligados pelo medo ou pela vaidade; regozijam-se com a exclusividade, a ira ou o consumo ostentatório. Você pode pensar em alguma perto de sua casa? Michael Moore expôs algumas delas, batendo recordes de vendas com seus documentários. Também há comunidades ligadas por confiança mútua e serviço humanitário, nas quais seus membros apoiam a coragem, a criatividade e a generosidade uns dos outros. Quando igrejas locais estão na sua melhor forma, tornam-se exemplos desse tipo de comunidade. Há, portanto, consequências ao afirmar claramente a que tipo de comunidade queremos pertencer. E quando se trata de colocar a nossa confiança extrema – a fé que temos em Deus – numa comunidade que é SANTA e CATÓLICA porque está viva com a própria vida de Deus, a nossa escolha tem consequências radicais.

Apesar de seus defeitos e seus crimes institucionais, as comunidades de todas as tradições religiosas continuam dando provas do poder do amor no mundo, através do ótimo exemplo de seus melhores membros. A insatisfação com instituições religiosas, tal como são, vem de um desejo no coração humano pelo que elas poderiam e deveriam ser. A sua crítica em relação à sua igreja pode ser ou não inspirada pelo Espírito Santo. Ela parecerá justificada se você for além da crítica e fizer algo para tornar A SANTA IGREJA CATÓLICA uma realidade na sua própria igreja. O mundo anseia por essa manifestação de comunidade provedora de vida.

Reflexões pessoais

Num diálogo público budista-cristão, Zentatsu Richard Baker Roshi pediu-me uma vez que eu imaginasse que a minha fé cristã estava simplesmente errada – só para limpar o terreno para uma troca imparcial entre nós dois. O seu pedido pareceu-me razoável, e concordei. Fechando os meus olhos, tentei apagar da minha mente todas as convicções e todos os comprometimentos cristãos. Quanto mais eu tentava, com os meus olhos ainda bem fechados, ficava cada vez mais difícil fazer isso. Finalmente, gargalhei, "simplesmente não consigo". Desde então, eu me perguntei algumas vezes, *por que* não? Por que eu não poderia fazer essa simples experiência de pensamento? Porque há muitas coisas mais envolvidas do que somente pensamento. E é aqui que a Igreja entra.

A minha fé cristã não é uma opinião que eu poderia suspender com o objetivo de discutir. É antes a base na qual a minha vida está enraizada – só posso expressar isso através de imagens – uma fundação muito mais profunda do que pensamento. A minha fé está inserida na minha experiência de uma comunidade no seio da qual cresci e à qual pertenço como numa família, que é a Igreja.

No batismo, o batizando tem que fazer formalmente a seguinte pergunta: "O que você espera da Igreja?", e a resposta em uma só palavra é "Fé". Isso não significa uma lista de ensinamentos impressos num livro. Significa a prova viva de seres humanos corajosos que somente uma comunidade pode dar. Dorothy Day e as Comunidades do Trabalhador Católico, ou Cesar Chavez e os Trabalhadores Agrícolas Unidos, são testemunhas de uma fé cristã que se tornou uma força para a mudança social. Assim também é o Dr. Martin Luther King Jr. – e aqui "a minha Igreja" vai além dos limites da minha denominação. Com Mahatma Gandhi – permanecendo na mesma linha de testemunhas – a minha Igreja vai além do cristianismo. Quanto mais amorosamente estamos enraizados na família do nosso nascimento, mais rapidamente reconheceremos a nossa filiação à grande família humana e viveremos de acordo com isso. Nós nos sentiremos seguros, portanto, menos propensos ao medo que estimula a exclusividade. De forma muito semelhante, sentir-se à vontade numa determinada Igreja pode nos ajudar a expandir o nosso sentido de pertença até virmos todo o mundo como a Família de Deus.

A minha Igreja é para mim um símbolo dessa Família de Deus – um símbolo no seu pleno sentido: um sinal que encarna a realidade transcendente para a qual aponta. Precisamos de símbolos como âncoras na realidade. Meu jovem amigo, perto de mim numa audiência papal, ficou surpreso quando me viu beijar o anel do Papa. Esse anel também é um símbolo dentro desse símbolo que é a IGREJA.

As grandes testemunhas que mencionei anteriormente destacam-se na minha mente quando penso na Igreja, mas são luzes claras reluzentes. Também há as que são ocultas que, à sua maneira, moldaram a minha compreensão da IGREJA de uma forma não menos poderosa. A testemunha do capelão da nossa paróquia nos últimos dias da Segunda Guerra Mundial, padre Geiger Alois. (Ele sempre coloca o seu sobrenome antes do nome, como os camponeses austríacos costumavam fazer, com quem ele se identificava.) Não tinha água nem eletricidade, os nossos arredores eram um campo de ruínas, e a vegetação que crescia sob os destroços era o nosso principal alimento. Ninguém sabia como seria o amanhã, mas esse fiel sacerdote dava as suas voltas no campo de devastação, e às cinco da tarde colocávamos uma camisa limpa e acendíamos uma vela, pois sabíamos que ele ia nos trazer a Sagrada Comunhão. Naquela manhã na praça São Pedro, era ele quem eu tinha em mente, ele e todos aqueles cujas vidas dedicadas teceram o tecido que chamamos de Igreja. Beijar o anel do pescador do papa foi a minha maneira de dar um beijo em cada um deles.

*

Qual é a sua própria experiência da IGREJA? Onde a Família de Deus se torna uma realidade tangível para você? Como ela se torna mais rapidamente acessível? Para muitos dos meus amigos, isso acontece através dos Alcoólicos Anônimos. "Lá," dizem, "nos unimos na nossa dependência compartilhada a um poder superior a nós mesmos" – a "Deus como nós O vemos". Jesus, se ele caminhasse entre nós hoje, ficaria mais à vontade numa reunião do AA do que em uma grande catedral. Em que comunidade você se sente à vontade?

NA COMUNHÃO DOS SANTOS

O que isso de fato significa?

O Credo continua aqui com a mesma linha de fé no Espírito Santo e na Igreja (como uma comunidade que o Espírito inspira). A Igreja é uma comunidade de *compartilhamento* – que é o tema desta parte – e de *cura* – que é o tema da próxima.

Desde o começo da história do Credo Apostólico, a COMUNHÃO DOS SANTOS tem um duplo sentido: a Comunhão *realizada entre* os Santos, e a Comunhão *celebrada pelos* Santos. O original em latim – *communio sanctorum* – significa tanto "o compartilhamento entre pessoas santas" quanto "o compartilhamento de coisas sagradas".

A COMUNHÃO DOS SANTOS pode significar uma comunidade de *pessoas* santas (santas não necessariamente porque atingiram uma superioridade moral, mas porque se consagraram a Deus, como um templo sagrado). Nesse sentido, o termo é sinônimo de *Igreja*, mas enfatiza os aspectos que vão além da manifestação visível da Igreja. A maioria das pessoas que rezam o Credo hoje têm esse sentido em mente. Os primeiros cristãos referiam-se a todos os membros da Igreja como "Santos"; tornam-se santos por *pertencerem* a uma comunidade santa no Espírito Santo. Essa comunidade liga não somente partes distintas do mundo, mas também, posto que a ligação essencial entre os seus membros é a vida de Cristo escondido no eterno Agora de Deus, transcende o tempo e liga todos os períodos da história. De acordo com Santo Agostinho, a Igreja começa com Adão e Eva e resiste até o fim dos tempos. O resultado é uma pertença ilimitada.

A COMUNHÃO DOS SANTOS também pode significar a comunidade através do compartilhamento de *coisas* sagradas. Nesse sentido, é sinônimo de *Sagrada Comunhão* – a Eucaristia, a celebração da Ceia do Senhor. Hoje, esse significado da frase foi praticamente esquecido; pode fazer uma grande diferença, contudo, lembrá-lo novamente ao rezar o Credo, pois enfatiza um aspecto dinâmico da comunidade: *compartilhar*. Através do compartilhamento ritual do pão e do vinho na Eucaristia, os cristãos comunicam-se – em Deus e através dele – uns com os outros e com Deus. Mas esse compartilhamento não é limitado porque a comunidade que o celebra é abrangente; transborda em obras de caridade. O resultado é um compartilhar ilimitado.

Sempre que há um verdadeiro sentido de pertença e um autêntico compartilhamento, Deus está presente. Nesse sentido, a fé NA COMUNHÃO DOS SANTOS vai muito além da sua estrutura de referência cristã e tem importância para toda a comunidade humana. Somos uma coisa só, devemos, portanto, compartilhar. E quando fazemos isso, não importa que o gesto seja pequeno – por exemplo, uma criança negra que divide um biscoito com uma criança branca no *playground* –, aquela dimensão inconcebível da realidade se abre, da qual Kabir, um místico indiano do século XV, fala como "o Sagrado desenvolvendo lentamente um corpo".

Como sabemos que é assim?

Para responder a essa pergunta, precisamos nos concentrar em três pontos:

1. Sabemos o que significa para nós Espírito Santo: a vida divina dentro de nós e dentro de todo o universo.

2. Sabemos o que significa para nós Igreja: a comunidade (além do espaço e do tempo) daqueles que são guiados pelo Espírito.

3. Sabemos que os homens têm um desejo muito profundo de celebrar a comunidade através do compartilhamento da comida. Sempre que na terra as pessoas repartem o pão e bebem do mesmo cálice, sabemos que expressam a sua pertença juntos.

Com base nesses três pontos, sabemos também que repartir uma refeição é a perfeita expressão da vida de uma comunidade no Espírito – o seu sacramento. Um sacramento é uma ação simbólica manifestando o que significa. A refeição sagrada à qual se refere o Credo como A COMUNHÃO DOS SANTOS revela o que significa: COMUNHÃO ilimitada com as pessoas de Deus de todos os tempos e lugares, no Espírito Santo e através dele. As refeições sagradas de todos os tempos e lugares indicam esse compartilhamento e essa pertença extraordinários.

Por que isso é tão importante?

Compartilhar e pertencer – pertencer compartilhando e compartilhar como uma celebração da pertença – encontram sua expressão cristã mais intensa e sagrada na refeição ritual denominada *Eucaristia*, que significa "ação de graças". Esse repartir o pão e compartilhar o cálice constituem o ritual fundamental da comunidade cristã e remetem aos seus primórdios. Conecta a comunidade de hoje, repartir o pão juntos, com Jesus – espiritualmente, porque ocorre no Agora eterno e historicamente. A irmandade à mesa era fundamental para a comunidade que Jesus tinha ao seu redor, e a sua tradição continuou intacta até hoje. A marca distintiva da irmandade à mesa de Jesus era o seu aspecto inclusivo. Mais de uma vez teve problemas por "comer com pecadores" (Mateus 9,10-13). Somente quando ninguém é excluído da nossa própria mesa podemos celebrar a Eucaristia em seu nome e confiar que ele está "no meio de nós" (Mateus 18,20).

Sobre as interpretações teológicas da presença de Cristo no meio de nós o Credo não diz nada. Se compararmos com a experiência vivida da COMUNHÃO sagrada, as especulações abstratas têm pouca importância. Inevitavelmente, usam os termos de um ou outro gênero teológico ou filosófico, termos que estão ligados a uma época histórica em particular e uma determinada região geográfica. Ao contrário, a experiência de uma Presença divina numa refeição sagrada está e esteve acessível a todos os homens sempre e em todos os lugares.

A COMUNHÃO em todos os seus aspectos é do que a nossa sociedade alienada, individualista, mais precisa, o que mais anseia. Todos aqueles que corajosamente atravessam linhas de demarcação social, racial, econômica ou confessional, para compartilhar generosamente e celebrar juntos com alegria, são os que estão de fato em comunhão com Jesus Cristo, quer o reconheçam ou não (ver Mateus 25,35 ss); são esses que o Credo chama de SANTOS.

Reflexões pessoais

Um momento de comunhão que ainda está vivo na minha memória remonta aos dias em que cidadãos indignados ainda protestavam nas ruas contra a proliferação de armas nucleares. Milhares de pessoas se reuniram naquela manhã perto da sede da ONU, na cidade de Nova York, para manifestar em frente das embaixadas das nações que tinham armas nucleares. O nosso grupo foi para a embaixada francesa. Era uma manifestação pacífica. A nossa palavra de ordem era Repartir o Pão – compartilhar a refeição como a própria antítese do massacre e da devastação nuclear. Nós cantávamos "Um pão, um corpo" e oferecíamos pão feito em casa para qualquer pessoa que por ali passava. Moradores de rua famintos pegavam filões inteiros; tínhamos levado bastante quantidade para distribuir. O talento do padre John Giuliani de criar uma forma viva de liturgia lançou um feitiço mesmo nas pessoas bem vestidas correndo apressadas para seus escritórios ou suas reuniões. Alguns ficavam relutantes, mas na minha lembrança aquela esquina de Manhattan se mostra vibrante com o brilho do sol da manhã, com o cheiro de pão recentemente assado e com as melodias alegres dos cantos da comunhão – "Pegue e coma!".

A polícia, com as viseiras de seus capacetes abaixadas, havia feito uma barreira para impedir que bloqueássemos a entrada da embaixada. Um homem baixo, levemente encurvado, vestindo um terno e uma gravata cinza – evidentemente um funcionário – estava prestes a entrar no edifício quando parou e ficou vendo a cena. Ele parecia ser um baixinho tímido, mas naquele momento ele compreendeu o que estava em jogo ali. Olhou para baixo da linha da polícia, olhou para os cantores, as faixas, as cestas de pão, e aprumou-se, de repente deu a impressão de ficar mais alto. "Eu gostaria de compartilhar desse pão", disse com uma voz forte. Nunca esquecerei a alegria que tinha nos olhos ao participar dessa comunhão.

*

E você? Quando e onde teve a experiência do compartilhamento sacramental – sacramental no sentido de um sinal ou gesto que torna real o que significa? Quando a verdadeira comunhão se dá, sempre é a Comunhão Sagrada, quer tenhamos consciência disso ou não – comunhão com a vitalidade que transcende, que é a única que pode alimentar a nossa fome mais profunda. Você pode pensar em maneiras de fazer isso acontecer ao seu redor e na sua vida do dia a dia?

NA REMISSÃO DOS PECADOS

O que isso de fato significa?

Para mostrar o que A REMISSÃO DOS PECADOS significa, é necessário ser claro sobre o conceito de pecado. Tanto o pecado quanto o perdão são frequentemente mal compreendidos.

No inglês de hoje, a "alienação" expressa mais exatamente o significado correto de "pecado" e evita confusão com associações desastrosas. PECADO, compreendido corretamente, é alienação de quem realmente somos, o nosso autêntico Eu, através da identificação com uma máscara; é ao mesmo tempo alienação do mundo que nos rodeia (as pessoas e o meio); e PECADO também é alienação da Base divina do nosso ser. PECADO nesse sentido é mais uma condição do que uma determinada ação pecaminosa. Qualquer ação – ou fracasso em agir – que vem da alienação ou leva à alienação também é chamada de "pecado". Precisamos distinguir entre PECADO como ação (ou *in*ação pecaminosa!) e pecado como condição, embora esses dois estejam inseparavelmente ligados. Se não formos capazes de fazer essa distinção, somente poderemos prestar atenção em transgressões pessoais das regras e deixaremos passar a nossa – em geral, muito mais séria – cumplicidade numa alienação que penetra e envenena sistemas inteiros; isso é PECADO como o impulso impessoal de um mundo alienado.

O contrário de alienação é pertença, o PERDÃO (REMISSÃO) restabelece a pertença em todos os níveis. Qualquer recusa de pertença, qualquer exclusividade, causa uma fissura no tecido do cosmo no qual tudo faz parte de tudo. O perdão cura essas fissuras. É mais do que perdão por transgressões, ele restaura a comunhão. Como o *per* de PERDÃO (ou no latim *perdonare*) indica, perdoar é uma forma intensa de doar. Requer de nós o ato supremo de doar: *auto*doação. Somente deixando de lado o nosso pequeno ego com seus ressentimentos e sua vingança, podemos voltar para casa com o nosso verdadeiro Eu, como o "Filho pródigo" na parábola do Evangelho. Quando ele finalmente vai ao fundo da alienação "em terra estrangeira", a parábola nos diz: "ele voltou a si", e esse foi o momento decisivo. E num piscar de olhos, ele estava de volta a caminho de casa para o seu pai.

Se sabemos que Deus é amor e amor é perdão, sabemos que Deus "já" havia perdoado "antes" tudo o que tinha que ser perdoado. Diante disso, podemos deixar de ressentir-nos do nosso passado. Podemos abandonar o remorso. Lamentar é saudável, ter remorso não. O significado da raiz da palavra *lamento* tem a ver com lágrimas, a de *remorso* com morder. Remorso sugere a compulsão de um cachorro de ficar mordiscando a sua perna ferida e deixá-la pior. As lágrimas do lamento lavam uma ferida supurada e ajudam a curá-la. W. B. Yeats expressa bem o que acontece quando eliminamos o remorso: "Uma doçura tão grande flui para o coração", ele diz que "devemos rir e cantar", pois percebemos que "somos abençoados por tudo, tudo o que vemos é bênção". Nesse momento, queremos compartilhar a alegria do amor e do perdão com o mundo inteiro. A alegria tem o poder de curar. A fé alegre por ter recebido o PERDÃO tem o poder de ultrapassar a alienação e alimentar a paz que emerge de um sentido de pertença.

Da mesma forma que a fé NA COMUNHÃO DOS SANTOS tem a sua expressão sacramental na Eucaristia, a expressão sacramental da REMISSÃO DOS PECADOS é o Batismo. Essa imersão ritual na água significa a morte e o nascimento. A água tem uma dupla importância, visto que podemos nos afogar nela, apesar disso ela é necessária como uma condição básica para a vida. O Batismo significa morte para a alienação e nascimento em nossa verdadeira casa, a Casa de Deus. É a volta para casa de "uma terra estrangeira" para a nossa mais profunda pertença.

Como é significativo o fato de o Credo referir-se ao sacramento do Batismo e da Eucaristia no contexto da fé no Espírito Santo. A verdadeira fé se mostra no comprometimento radical com a ação. O comprometimento radical relativo ao compartilhamento pode transformar qualquer refeição numa Eucaristia. "Pois onde dois ou três estiverem reunidos em meu nome, ali estou eu no meio deles" (Mateus 18,20). O comprometimento radical com a cura da alienação na própria vida e no mundo em geral é o que a tradição cristã chama de Batismo do Desejo. Pode ocupar o lugar da REMISSÃO DOS PECADOS e unir não cristãos e cristãos da mesma maneira na COMUNHÃO DOS SANTOS.

Como sabemos que é assim?

O primeiro passo em direção à compreensão do PERDÃO (REMISSÃO) DOS PECADOS é um esforço para aprender o que PECADO e REMISSÃO significam no contexto do Credo. O segundo passo consiste em traduzir esses termos para a linguagem que pode ser entendida hoje e não criar muitos obstáculos. Já tentamos isso antes sugerindo *alienação* e *cura* como termos que veiculam o sentido pleno, mas são menos carregados do que *pecado* e *perdão*. Os dois passos são necessários antes que se possa com integridade entender, apreciar e recitar o Credo.

Toda pessoa madura conhece o sentimento de alienação – a sua própria, a dos outros e o Ponto de Referência Supremo da Pertença (um pouco desajeitado, mas não é um mau substituto para o termo *Deus*, se você for alérgico a ele). Também podemos ter consciência de que são apenas três dimensões de um mesmo e único estado de alienação. Por exemplo, ninguém pode dizer: "Estou um pouco alienado de mim mesmo ultimamente, mas as minhas relações com os outros vão bem". Também sabemos por experiência que curar e perdoar são uma coisa só, quer comece por perdoar os outros, nós mesmos, ou um Deus que culpamos como se Deus fosse "outra pessoa". Quando deixamos o nosso pequeno ego e voltamos para casa, para o nosso verdadeiro Eu, encontramos Deus aí – mais perto de nós do que estamos de nós mesmos. Deus não somente nos perdoou "desde sempre", mas como a grande mística Juliana de Norwich afirmou, Deus cuida do pecador com o dobro de amor, como uma mãe cuida de um filho que caiu e se machucou. Também no fundo sabemos disso.

Por que isso é tão importante?

Fé no PERDÃO (REMISSÃO) DOS PECADOS também é uma implicação de fé em Deus como Espírito Santo. Uma a uma, o Credo revela essas implicações. O Espírito cria uma comunidade (a IGREJA) e celebra a comunidade (COMUNHÃO) como uma comunidade de cura (REMISSÃO). Posto que nessa frase do Credo a ênfase está na cura de *toda* alienação, a comunidade do mundo fica em evidência. Nada poderia ser mais urgente hoje. A fé no PERDÃO DOS PECADOS constitui um comprometimento de trabalhar para uma sociedade justa em paz com o seu meio.

Essa paz e essa justiça não são de forma alguma o mesmo que "lei e ordem". A última frase, no linguajar de hoje, sugere uma sociedade na qual a retaliação rápida contra o comportamento que se afasta da norma e a punição dura dos criminosos protegem o *status quo*. Podemos imaginar uma sociedade radicalmente diferente? O PERDÃO vai até as raízes e começa a reforma a partir daí. Uma sociedade construída a partir do PERDÃO perceberia que os crimes de uma pessoa em geral são o resultado de um sistema que funciona mal; iria combater nas raízes do comportamento anormal, não construindo prisões cada vez maiores, mas escolas cada vez melhores. Quando perguntamos como o PERDÃO poderia mudar a comunidade mundial, deveríamos nos lembrar que as palavras "perdoe-nos assim como somos perdoados" na Oração do Senhor referiam-se originalmente não a pecados, mas a dívidas. O Perdão da Dívida Internacional vem à mente, com a distorção irônica de que os "pecadores" – criminosos contra a justiça e a paz – são nesse caso não os devedores, mas os credores que se transformaram em exploradores.

Todas as situações concretas colocam problemas práticos complexos. Seria simplista alegar que o PERDÃO é a solução ou *contém* a solução. Mas podemos dizer que oferece a abordagem mais promissora para encontrar soluções por duas razões: primeiramente, uma atitude de perdão surge a partir de um sentido de pertença e, dessa maneira, acaba com a raiz da injustiça, que é a alienação; em segundo lugar ("per-doar" é a forma mais exigente de doar – a autodoação), entrega-se totalmente para encontrar uma solução disponível para o problema sem esconder-se atrás do legalismo. Os romanos, de onde decorre o nosso próprio sistema legal, já sabiam: *Summa ius, summa iniuria* – "justiça extrema é injustiça" (Cícero). O contrário de "lei e ordem" não é falta de lei e caos, mas paz criada com base no perdão e na justiça, construídos sobre a pertença. Através da fé esse PERDÃO deve ultrapassar toda alienação no poder do Espírito, a noção de IGREJA é ampliada para incluir todos aqueles que estão comprometidos com esse objetivo.

Reflexões pessoais

Costuma-se dizer que os homens são mais bonitos quando pedem perdão, ou perdoam os outros. Quando nos sentimos culpados, entretanto, tudo o que podemos ver é o que fizemos de errado e podemos sentir o seu peso. Quem não teve essa experiência?

Tenho a impressão de que é como se o peso de uma montanha tivesse caído na minha consciência quando balancei muito na parte inferior da cerejeira do dono da propriedade onde morávamos. O ruído alto do estalo do galho quebrado foi para mim como o trovão do Dia do Juízo Final. Ficar escondido foi o meu primeiro impulso, mas não havia esconderijo. Os meus dois irmãos e eu tentamos colocar o galho quebrado de volta para a sua posição e amarrá-lo ao pedaço de tronco que o sustentava, mas logo percebemos como as nossas tentativas eram estúpidas e em vão. Eu sabia que tinha de confessar o que havia feito e pedir perdão, mas eu não conseguia encarar isso – ainda não, em todo o caso. Talvez houvesse alguma solução. Quanto mais esperava, mais eu sentia o peso da minha culpa. Afinal, tinham nos concedido generosamente a liberdade de correr no jardim e até tínhamos o direito de subir nas árvores, a única coisa que era proibida era balançar nos galhos.

Finalmente, comecei a subir em direção à casa onde o dono morava, mas ainda estava me arrastando. Ou melhor, sentia como se eu – *um* eu – estivesse arrastando – um *outro* eu – escada acima, um passo por vez. A cena ficou gravada na minha memória como um filme em câmera lenta. A imagem do dono da propriedade, alto e extenuado, ocupava todo o batente da porta enquanto eu murmurava a minha confissão. Se o telhado caísse naquele momento, isso não teria me surpreendido – na verdade, teria sido um alívio. Herr Engineer Baumgartner era conhecido por ser um homem de poucas palavras. Ele disse: "*Oy weh!*". Só essas palavras e praticamente sem expressão. Mas daí, quando olhei para ele, estampou um grande sorriso. Acho que ele também remexeu no meu cabelo com sua mão pesada. Mas o sorriso foi o grande presente com que me mandou embora, o presente do perdão.

*

Você pode se lembrar de uma ocasião em que recebeu esse presente – ou o deu? De nenhuma outra forma se vê mais claramente do que com o olhar do perdão que nós, seres humanos, somos os portadores dos presentes de Deus e os semeadores da semente de Deus para a colheita da paz. Talvez essa seja a razão pela qual os homens são mais bonitos do que nunca quando pedem perdão ou perdoam: ficam radiantes com a beleza do perdão inesgotável de Deus.

Você acha difícil esquecer a noção de pecado do catecismo como uma mancha na sua alma? De que forma o fato de compreender o pecado como alienação e o PERDÃO como cura através da pertença o ajudam a lidar com situações de conflito na sua vida diária? Você pode aplicar a distinção entre remorso e lamento à forma como você lida com lembranças de fracasso? Quando você teve a experiência de uma situação extraordinária de PERDÃO dado ou recebido?

NA RESSURREIÇÃO DA CARNE

O que isso de fato significa?

O significado de RESSURREIÇÃO DA CARNE vem do lugar que essa frase ocupa no Credo. Ainda estamos destrinchando aqui o que a fé no Espírito Santo implica. Ao longo dessa parte do Credo, o conceito essencial é o de *pertença*. O Espírito "mantém unidas todas as coisas", como a Sabedoria 1,7 coloca. O monge budista Thich Nhat Hanh chama essa pertença universal de "Interser". Tudo está dentro de tudo, porque o todo é criado e animado pelo mesmo sopro vital de Deus.

Nas partes anteriores do Credo, vimos essa pertença expressa em uma comunidade (IGREJA) que é reunida pelo Espírito (SANTO), abrangente (CATÓLICA), solidária e provedora de alimento (COMUNHÃO) e de cura (PERDÃO). Como veremos agora, essa doutrina presente segue a mesma linha de pensamento e leva a uma visão cósmica da pertença. Contudo, de maneira mais imediata, a fé na RESSURREIÇÃO DA CARNE evoca questões pessoais – *minha* carne e *minha* vida depois da morte. Devemos, portanto, começar com esse foco pessoal.

Aqui também, a pertença é fundamental para entender o que significa. A minha carne pertence a mim não como um apêndice opcional para a minha autoconsciência, mas como uma personificação. Pertence a mim não no sentido de que as minhas roupas pertencem a mim, mas antes como o som pertence à música. Sou alguém, *sou* a minha carne. Apesar disso, não faz muito tempo, cada átomo deste corpo físico fazia parte de outra entidade viva ou não, e será assim novamente em breve. Mesmo agora, a cada segundo, milhões de glóbulos vermelhos morrem e são substituídos por outros – assim, em proporções diferentes, ocorrerá com todas as outras células no meu corpo. Aquilo que não muda foi chamado de "corpo interior" ou "a alma". Os meus amigos ainda me reconhecem depois que cada componente físico meu morre ou é substituído (o que supostamente acontece a cada sete anos mais ou menos) por causa dessa "alma" imutável. Essa identidade minha é a única expressão de Vida em mim e através de mim – não a breve duração de vida que me pertence, mas o grande reservatório de Vida ao qual pertence. Ao contrário de um brinquedo movido a bateria, estou sempre conectado à rede elétrica universal, que é inesgotável – o Espírito Santo, que "preenche todo o universo" (Sabedoria 1,7).

Formas surgem e se dissolvem como bolhas de sabão, mas o Espírito as cria, o Sopro de Deus dá forma a elas e as preenche, sendo assim, cada uma delas é infinitamente preciosa e sagrada. "*Ser* já é uma bênção; *viver* é sagrado", disse o grande rabino Abraham Heschel. De vez em quando os nossos olhos abrem de repente e vemos através da forma toda a sua identidade sagrada. Pense, por exemplo, em pais jovens fascinados por cada pequena unha do pé, cada mínimo fio de cabelo do seu primeiro bebê. Nesses momentos, ficamos espantados pela visão e estupefatos pela bênção do simples ser.

No nível mais profundo, a Vida simplesmente *é* – Ser simplesmente *é* – sob as idas e vindas das formas. No Evangelho de João, Jesus se refere a esse nível mais profundo quando diz: "Eu vim para que tenham a vida e a tenham em abundância" (10,10). Na sua própria vida, ele respirou o Sopro vital de Deus imperecível, e *essa* vida não pode perecer, nem mesmo na morte. São Paulo nos garante que isso vale para nós também: "E se o Espírito daquele que ressuscitou Jesus dentre os mortos habita em vós, aquele que ressuscitou Cristo Jesus dentre os mortos dará vida também a vossos corpos mortais, mediante o seu Espírito que habita em vós" (Romanos 8,11).

Como Jesus permitiu que o poder do Espírito Santo moldasse a sua vida, o seu fim não foi a morte e a destruição, mas – na morte, através e além dela – a vida em Deus. Da mesma maneira, todos aqueles que seguem o exemplo do Espírito são conduzidos finalmente não em direção à morte, mas em direção à RESSURREIÇÃO. Toda a sua realidade corpórea cheia de espírito estará "escondida com Cristo em Deus" (Colossenses 3,3). A RESSURREIÇÃO DA CARNE é uma imagem diferente da medieval, dos cadáveres que revivem tentando sair de seus túmulos no Dia do Juízo Final, mas essa também é somente uma imagem. Temos que respeitar os limites da nossa imaginação. Nessa frase do Credo, proclamamos a nossa confiança na dimensão além da nossa imaginação. A nossa verdadeira Vida aqui e agora – em toda a sua completude – está além do poder da morte, porque é participação na vida de Deus.

Aqui o nosso foco ultrapassa as questões pessoais e ganha uma perspectiva cósmica. Através do nosso corpo, pertencemos inextricavelmente a todos os outros seres humanos; todos os átomos na nossa carne e nos nossos ossos já estiveram numa supernova. O que essa filosofia do Credo proclama fala não somente do nosso corpo humano, mas de toda a *carne* (que é a palavra original, agora substituída por CORPO); ela inclui todas as formas que desaparecem no tempo – todo o universo. Todos os seres, independentemente de sua efemeridade, são engendrados pelo Espírito de Deus e amados por Deus com um fervor e uma ternura inimagináveis. Jesus perguntou: "Não se vendem cinco pardais por dois asses?". E garantiu aos seus discípulos: "E no entanto, nenhum deles é esquecido diante de Deus!" (Lucas 12,6). Como Deus se lembra desse pardal, sua vida breve, os seus chilros, nunca se perderão. Só no tempo algo pode desaparecer. Mas quando o próprio tempo tiver desaparecido, tudo o que pareceu tão efêmero a partir da perspectiva do tempo – cada chilro daquele pardal – será encontrado no seu frescor matinal no eterno Agora de Deus. Esse Agora está além do tempo, mas nós o experimentamos no tempo a cada momento, refratado, por assim dizer, como a luz branca é refratada cor por cor. Isso pode ser um grande consolo para todos aqueles que choram pela morte de um ser amado, pois lá, além do tempo, encontraremos os nossos amigos, os nossos parentes, os nossos animais de estimação – e, é claro, todos aqueles com quem não nos damos bem; portanto, é melhor fazer as pazes com eles agora.

Finalmente, o significado de A RESSURREIÇÃO DA CARNE depende da noção de pertença: "Tudo é vosso; mas vós sois de Cristo, e Cristo é de Deus" (1 Coríntios 3,22-23) – e tudo o que pertence a Deus pertence ao Ser indestrutível.

Como sabemos que é assim?

Como podemos conhecer por experiência a RESSURREIÇÃO DA CARNE? Ao contrário de todos os outros dogmas do CREDO, este indica um evento que ainda não aconteceu. Em que podemos basear a nossa suposição de que se trata de uma asserção confiável? Antes de responder a essa pergunta, é necessário um pouco de introspecção. Colocando toda a nossa atenção internamente, podemos ter consciência de que o nosso "sou" não depende do nosso "penso". Quando conseguimos parar de pensar por um breve momento – e ficamos em estado de alerta – temos a experiência do nosso ser além do pensamento. Nós nos vemos enraizados no Ser, do qual inúmeros seres – inclusive o nosso pequeno eu – são tantas expressões passageiras. Os seres vão e voltam, surgem e desaparecem, mas a nossa realidade mais íntima é o próprio Ser, a base permanente de todas as formas transitórias. Isso é fundamental. Deve-se enfatizar. A consciência interior profunda do Ser indestrutível está acessível a qualquer ser humano. Mas como poderíamos ter consciência dessa indestrutibilidade sem participar dela? O nosso ser mais íntimo é indestrutível, embora não seja possível imaginar o que isso significará para nós quando a nossa forma temporal for dissolvida. O prefixo *re* de RE-SSURREIÇÃO DA CARNE vem de uma imagem ligada ao tempo, apegar-se a ela seria enganoso. A imaginação nos desaponta quando temos a experiência da realidade além do tempo. Ter consciência de *que* pertencemos ao Ser indestrutível é um fato muito importante, apesar de não sabermos *como* isso se dará.

Às vezes, essa consciência nos invade como uma surpresa avassaladora. Nos nossos momentos vivos mais autênticos (as experiências extremas de Abraham Maslow), temos consciência de uma força vital dentro de nós que não é passível de decair. Nesses momentos, experimentamos o que Maslow chama de valores do Ser – facetas do diamante do Ser – beleza, verdade, bondade e coisas do gênero. Você pode olhar para (e cheirar) um pomar em pleno florescimento, ouvir David Whyte recitar um poema de profunda verdade, ou ver os bombeiros no jornal da noite, e de repente você tem a experiência com um arrepio de reconhecimento que a sua própria vida é indestrutível porque é animada pela força vital bela, verdadeira, boa e indestrutível.

Estar na corrente da Vida e estar exatamente em sintonia com o Ser também são conhecidos pelo nome de *retidão* e *justiça*. Quando o vislumbramos, quando experimentamos o seu menor sabor, entendemos intuitivamente o que o Salmo 16,9 quer dizer: "Não deixarás que teu fiel veja a cova!". Nos nossos momentos extremos também, a completude e a integridade que sentimos não são meramente mentais, incluem também o corpo. "Meu corpo de repente ardeu", escreve W. B. Yeats a respeito de uma de suas experiências extremas ("Vacilação", verso IV). Ele teve a experiência do esplendor do seu corpo interior. Nos nossos melhores momentos temos consciência de que estamos (mente *e* corpo) enraizados no Ser, que nós e a Vida somos um só.

A experiência da nossa mortalidade não invalida as percepções que adquirimos a partir dos pontos altos da vida. Morrer e viver são uma coisa só, mas a Vida é maior que ambos. Sabemos por experiência que viver é inseparável de morrer – não somente no fim, mas durante. A cada momento temos que deixar o velho para acordarmos para o novo. Essas pequenas mortes são um processo de treinamento, por assim dizer, para a nossa última morte. A fé é a confiança nesta dinâmica interior da Vida – no Espírito Santo. Essa fé nos dá a confiança de que no nosso último momento, como em qualquer outro, abandonar uma velha vida nos preparará para receber uma nova – nesse caso uma vida até então não imaginada.

Por que isso é tão importante?

É importante compreender não somente a dignidade do corpo, mas a dignidade suprema da existência física. Essa compreensão pressupõe certo grau de maturidade. Leva tempo desenvolver essa maturidade – não somente na nossa vida pessoal, mas nas vidas de todas as sociedades e culturas. No primeiro entusiasmo da descoberta do Espírito como algo que resplandece além da realidade física, a tendência é subestimar todo o resto como meramente material e perecível, chegando até mesmo a desprezar. É só de forma gradativa que nos tornamos conscientes da importância de distinguir entre esses dois reinos inseparáveis.

Negligenciar o Espírito ou o corpo é prejudicial para ambos. O espírito desencarnado se torna impotente. A realidade carnal, separada do Espírito, perde a sua dignidade e é vítima de abuso. Violação do meio ambiente é uma prova chocante dessa separação artificial e insustentável. Ascetas de todas as tradições com frequência vão longe demais, maltratando o corpo em vez de vê-lo como templo do Espírito Santo. Procuraram fortalecer o Espírito enfraquecendo o corpo, como se o corpo não fosse uma ferramenta do Espírito, mas um inimigo. Às vezes, pode ser difícil lidar com o corpo, mas sem essa ferramenta, o que poderíamos realizar? Como poderíamos atender às necessidades gritantes ao nosso redor?

Por outro lado, quando o corpo deixa de ser o instrumento e a expressão do Espírito dentro dele, como pode se desenvolver? É a única e mesma força vital que guia os nossos apetites carnais e nos conduz aos nossos objetivos mais elevados. Sem esse guia, o nosso corpo é semelhante a um carro que perdeu o controle. Cai em todo tipo de excesso. Em qualquer reunião de doze passos, há histórias que ilustram e comprovam esse ponto.

O mesmo excesso infligimos ao nosso corpo quando deixamos de experimentá-lo como a encarnação do Espírito, prejudicamos o nosso meio ambiente quando esquecemos que ele também vive com a força vital divina. Imagine como o nosso mundo pareceria diferente se reconhecêssemos a Terra como nossa existência carnal mais abrangente. Reverenciamos e apreciamos cada forma de vida quando temos consciência de que é animada pelo Espírito divino. A fé na RESSURREIÇÃO DA CARNE está intimamente ligada à reverência de todo o cosmo.

Reflexões pessoais

Como estudante de psicologia depois da Segunda Guerra Mundial em Viena, consegui um trabalho invejável. Fui contratado como monitor (uma mistura de tutor e mãe substituta) para o Coro dos Meninos de Viena. Naquela época, o coro ainda estava instalado na área dos muros espessos do Palácio Imperial de Viena, que havia sido o alojamento dos meninos na época de Cristóvão Colombo, quando o imperador Maximiliano I fundou o coro em 1498. No verão, contudo, mudaram para a sua residência de férias em Hinterbichl, no alto dos Alpes no Tirol Oriental. Lá tive a experiência que sempre vem à minha mente quando alguém me pergunta sobre a RESSURREIÇÃO DA CARNE.

Enquanto os meninos do coro ensaiavam, eu desfrutava do meu tempo livre e tinha subido um caminho íngreme para um ponto de observação. Rodeado pelo silêncio dos picos nevados, ouvi de lá debaixo a melodia de uma das minhas peças favoritas, o moteto de Victoria "Duo Seraphim". O texto fala de dois anjos ardendo de adoração, clamando, um para o outro, "Santo, santo, santo!".

Era como se as asas da minha alma tivessem esbarrado no Eterno. Achei impossível colocar em palavras o efeito que produziu em mim. Aquele momento moldou o meu eu mais profundo. Aquelas vozes preciosas se misturaram ao meu brado mais íntimo: Santo, santo, santo! Eu sabia que aquela voz era imperecível, e era a minha própria voz, a expressão perfeita e total de quem eu era – não de uma forma abstrata, mas das profundezas. O menor detalhe daquela cena, cada gota de orvalho daquela manhã de julho, a menor modulação das vozes que subia pelo ar da montanha, tudo ficou impresso como uma marca indelével divina, menos na minha memória do que no meu próprio ser.

A minha memória pode se desvanecer, ou ser apagada. Mas quando chegar a minha hora e só restar o Agora, estarei no Agora daquela manhã de verão – e é claro em *cada* Agora da minha vida. Nada se perde, por mais transitório que pareça, pois "tudo é sempre agora" (T. S. Eliot). Creio na RESSURREIÇÃO DA CARNE (por que devo me limitar ao CORPO?) e isso significa que confio que *tudo* que é provisório e perecível é, contudo, preservado no seu puro frescor no eterno Agora. Não é necessário voltar do pó como os corpos nas representações medievais do Dia do Juízo Final, porque está – como o Cristo que ressuscitou – "escondido em Deus". É por essa razão que veremos os seres que amamos com cada covinha e sarda de que gostávamos, ao "virmos Deus".

Se você já amou profundamente, sabe do que estou falando. Na minha idade, você pode ver fotos de pessoas da família que conheceu do nascimento à morte. O seu amor compreende aquele bebê na banheira assim como o sorriso do aluno de primeiro ano com um dente faltando, o adolescente na bicicleta ou vestido para o baile de formatura, e assim imagem por imagem, até o último sorriso praticamente sem expressão. Em qual deles você vê a pessoa que você ama? Em cada um e em todos eles. Não é necessário fazer uma escolha. Cada momento da vida está presente no "agora que não morre" – isso quer dizer, na eternidade. O poeta Rainer Maria Rilke pensava que era nosso dever fundamental como seres humanos colher, como abelhas ocupadas, o néctar do mundo visível para o grande favo de mel dourado do invisível.

Aquela manhã nos Alpes do Tirol e o "Santo, santo, santo!" dos dois serafins estão não somente preservados como vestígio de lembrança numa cabeça fadada a apodrecer. Está gravado no meu Eu imperecível. Quando a gota de água que é a minha vida voltar a cair no oceano, carregará o sabor do "Duo Seraphim" de Victoria e será adicionada a todas as águas do mar, e nunca se perderá.

*

E você? O corpo – o seu próprio e o de alguém que você ama – é suficientemente importante para você, para que a ideia de uma vida desencarnada no além o atraia pouco? Você já teve consciência suficientemente profunda do seu Eu imperecível de tal forma que não lhe desagrada mais a ideia de que a sua cabeça e o seu corpo logo se tornarão pó? O que acontece com você quando vê uma série de fotos de alguém que você amou – quando criança, jovem, adulto, com idade avançada? Como o fato de que "tudo é sempre agora" afeta a sua compreensão da RESSURREIÇÃO DA CARNE?

NA VIDA ETERNA

O que isso de fato significa?

A fé na VIDA ETERNA ainda pertence àquela parte do Credo que começa com CREIO NO ESPÍRITO SANTO. Espírito é VIDA, e fé na vida é a culminação da fé no Espírito.

ETERNA é uma tradução equivocada dessa frase no texto original do Credo. Ela sugere um tempo interminável, enquanto o *vitam aeternam* do latim poderia ser traduzido com mais precisão como "vida além do tempo", ou seja, a vida livre das limitações do tempo. A palavra *aeternus* vem da raiz que significa vitalidade vibrante. Dessa forma, compreendido corretamente, ETERNA (em inglês PERPÉTUA) quer nos lembrar não das flores cujo nome é frequentemente usado em coroas de flores e em arranjos de flores secas, mas se trata antes de um campo cheio de flores primaveris ou, mudando a metáfora, de uma eterna Fonte da Juventude, sempre fluindo, sempre fresca, sempre nova. Essas são as qualidades da vida no Espírito, uma vida que experimentamos a qualquer momento, só respirando profunda e cuidadosamente.

Esse artigo do Credo não nos prende a nenhuma imagem em particular ou teoria de "vida após a morte". Não se atém ao "depois", mas expressa um compromisso com a "vida [...] em abundância" (João 10,10). A vida com a qual nós nos comprometemos com alegria nessa frase final do Credo não está presa a nenhum "antes" ou "depois", mas é a vida que está livre da escravidão ao passado e ao futuro. Celebramos essa VIDA aqui – onde quer que estejamos – e no grande Agora que dissolve o tempo.

Como sabemos que é assim?

O texto original do Credo leva à afirmação gloriosa da VIDA ETERNA – *vitam aeternam*. Que pena que a nossa tradução em inglês fale de VIDA PERPÉTUA. Isso não soa como se a nossa vida atual ligada ao tempo fosse durar para todo o sempre? Que pesadelo! Felizmente, VIDA ETERNA significa vida livre das amarras do tempo. Tampouco temos que esperar por essa liberação até morrermos. Kabir, o místico do século XV, pergunta:

> *Se você não romper as suas amarras enquanto está vivo*
> *você acha que*
> *fantasmas farão isso depois?*

Se a morte significa que o tempo acabou para mim, o que "depois" poderia significar, afinal? No Credo não professamos a fé na vida *depois* da morte, mas *além* da morte. Não é uma negação da "vida depois da morte", trata-se muito mais de uma afirmação porque tira o "depois" da frase. Quer tenhamos consciência disso ou não, a vida além da morte é o que verdadeiramente desejamos. E não temos que esperar por ela. Podemos romper as nossas amarras hoje. Podemos ir além do tempo – além da morte – na medida em que vivemos no Agora.

Em alguns momentos extremos na vida, quando estamos acordados e vivos em cada nível do nosso ser, podemos experimentar uma certa eternidade. Uma hora pode passar e parecer como um breve momento; o relógio pode continuar a fazer tique-taque, mas para nós parece que o tempo parou. Nesses momentos, tocamos, por assim dizer, a eternidade, que Santo Agostinho chama de "um Agora que não passa" – *nunc stans*, na sua definição elegante de duas palavras em latim. Conhecemos a eternidade, porque nos nossos melhores momentos temos a experiência de nós mesmos livres das restrições do tempo. Quanto mais aprendemos a viver no Agora (que abrange o passado e o futuro), mais ficamos vivos. Qualquer um pode testar isso por meio da experiência. Essa vida vai além da nossa existência limitada dentro do espaço e do tempo – ela sempre contém mais e mais – então nós a atribuímos ao Espírito transcendente. Mesmo um vislumbre dela é suficiente para nos fazer ter consciência de que a morte não tem poder sobre ela. Todo o nosso ser deseja essa vida.

Por que isso é tão importante?

Todo o Credo leva a este clímax: "vida [...] em abundância" (João 10,10). Tudo o que poderia ser chamado de importante para nós, homens, está contido nessa frase. Em cada frase do Credo, nos comprometemos com a VIDA divina e, na última, expressamos esse comprometimento de forma explícita. Dessa maneira, essa última frase se refere ao "Pai", a Deus como Fonte de Vida, ao "Filho" como o Homem que vive essa vida tão plenamente que mesmo a "morte foi absorvida na vitória" (1 Coríntios 15,54) e ao "Espírito" como a Vitalidade divina sempre jovem dentro de nós – dentro do universo. Essas três notas, colocadas separadamente nas três partes do Credo, juntas parecem um acorde final na palavra VIDA.

Reflexões pessoais

Para ilustrar isso, vou falar de um momento dramático quando a escolha entre o tempo e o agora pedia que eu tomasse uma decisão imediata. O cenário era comovente à sua maneira, o antigo palacete

Flagler em Palm Beach, na Flórida, residência do Coro Apollo Boys, onde trabalhei como assessor depois de ter trabalhado com o Coro dos Meninos de Viena. A voz de contralto de Emery Moore era surpreendente mesmo entre as vozes delicadas desse coro, mas ele tinha atingido a idade em que a voz logo ia mudar. Não havia esperança de que a voz desse menino pudesse durar mais uma temporada. A brisa da noite que vinha do mar fazia as cortinas se mexerem nas janelas de arcos altos, uma luz dourada iluminou o quarto. Emery ficou ao lado do piano, e mais uma vez a sua voz suave entoou a ária de Handel "Ah, Se Eu Tivesse a Lira de Jubal".

O equipamento de gravação estava pronto. Um toque do meu dedo poderia captar essas notas douradas no gravador, mas não; eu as deixei livres e voaram como pássaros.

Inteiramente no presente, pude ter a experiência daquela música além do tempo, permitir que desse asas ao meu coração no eterno Agora. Recusando torná-la "perpétua" – independentemente do seu significado – descobri que pertencia à minha VIDA ETERNA. Eu a ouvi com o ouvido imperecível do meu coração.

*

E você? Quais são as suas esperanças para a vida além da morte? (Observe, eu não disse "*depois* da morte", pois isso a situaria no tempo. Quando o nosso tempo acaba, vamos *além* do tempo no Agora. Evidentemente, não precisamos esperar até o nosso último suspiro para viver o Agora.) Quando, onde e como você vive pessoalmente o Agora de maneira mais nítida e intensa? Você pode se lembrar daquilo que T. S. Eliot chamou de um "momento no tempo e fora dele"? Você pode ligar essa experiência à VIDA ETERNA?

AMÉM

O que isso de fato significa?

Vale considerar o AMÉM final como uma parte integral do Credo. Caso contrário, poderia se tornar facilmente um mero ornamento, como o floreio sob uma assinatura.

O significado fundamental de AMÉM é fidelidade, confiabilidade. AMÉM expressa a confiança humana na confiabilidade de Deus. Dessa maneira, a última palavra do Credo ecoa a primeira – *Credo*, dou meu coração ao Único em quem confio. Todas as frases do Credo entre essas duas palavras são variações desse tema; cada uma delas afirma a fé humana na fidelidade divina. O AMÉM final as resume e imprime nelas o selo do comprometimento pessoal.

Como AMÉM é em geral uma resposta de toda a comunidade para a Palavra de Deus – para a Presença fiel que a comunidade devota encontra –, esse AMÉM final coloca a fé daquele que a proclama num contexto comunitário. A primeira palavra do Credo é *Eu*; a última reverbera com o *nós* da comunidade.

Podemos visualizar essa comunidade em círculos mais amplos. O mais estreito é composto de cristãos e é na sua linguagem, afinal, que o Credo é formulado. Mas judeus e muçulmanos também resumem a sua fé na mesma palavra AMÉM. Dessa maneira, as três tradições de Amém do Ocidente, juntas, formam um círculo mais amplo de fé compartilhada. Além disso, AMÉM está ligado a *Aum* ou *Om*, a sílaba sagrada de uma comunidade ainda mais ampla. Entre os hindus, os jainistas e os budistas, *Om* também expressa aprovação e bênção e une aquele que a pronuncia com fé ao horizonte derradeiro da existência humana, como AMÉM faz.

Como sabemos que é assim?

Um bom exemplo para o uso hebraico original de AMÉM é a frase repetida quatorze vezes no Deuteronômio 27,15-26: "E todo o povo dirá: Amém!". E para as tradições do Oriente, Mandukya Upanishad dá o tom: é totalmente voltado a especulações relativas a *Om*, considerado como o maior de todos os mantras.

Além dessa informação externa, contudo, podemos ter a experiência do poder de AMÉM ouvindo o seu contexto musical no fim do Credo, digamos, na *Missa em Si Menor* de Bach. Mesmo o Amém repetido cinco vezes, popularizado por Sidney Poitier no filme *Lírios do Campo*, transmite um poder misterioso. Na Índia, hoje, Jagadguru Ramanandacharya fez do *Om* o foco do seu ensinamento e ajuda os seus alunos a terem a experiência nele do "som de Deus".

Por que isso é tão importante?

A nossa compreensão do AMÉM reflete a nossa abordagem de todo o Credo: encontrar um significado mais profundo na fé cristã experimentando-a num contexto humano universal. Através de toda a nossa reflexão sobre o Credo tentamos ir até as raízes da fé humana básica – a confiança na Vida que compartilhamos com todos os nossos irmãos e as nossas irmãs na família humana – e a partir dessa perspectiva entender a expressão específica cristã da fé compartilhada.

Quanto menos insistirmos na expressão específica que a tradição cristã dá à fé do homem, menos tentaremos fazer dela a única forma, e será mais fácil apreciar a sua profundidade, a sua beleza, a sua unicidade exposta no Credo Apostólico. Na *Nona Sinfonia* de Beethoven, ouvimos a famosa melodia da "Ode à Alegria" de Schiller, de início, suavemente, quase de forma inaudível, na parte do baixo, mas gradativamente cada instrumento vai entrando e até mesmo o coro de vozes humanas vai se juntando e a repete triunfalmente. De uma maneira semelhante, cada tradição espiritual pega o tema da fé e lhe dá expressão na sua própria voz, através de suas próprias crenças específicas. O nosso instrumento pode ser o violoncelo ou o oboé, mas apreciaremos mais ainda a melodia que tocamos, ouvindo todos os outros instrumentos da orquestra dando-lhe voz à sua própria maneira. Somente toda a orquestra das tradições espirituais do mundo pode produzir adequadamente o som do AMÉM da fé humana em resposta à fidelidade de Deus.

Reflexões pessoais

Mais de oito mil pessoas se reuniram em Chicago em agosto de 1993 para o Parlamento das Religiões do Mundo. Eram de todas as partes do mundo e representavam uma grande diversidade de tradições religiosas. No Parlamento das Religiões do Mundo original em 1893, Chicago se tornou o berço do diálogo inter-religioso mundial formal. Desde então, esse diálogo ganhou impulso, mas somente agora, exatamente cem anos mais tarde, o mundo estava preparado para convocar um segundo Parlamento. Hoje, esse momento histórico chegou, e ali estava eu em Chicago, sendo privilegiado, indo além de todos os meus sonhos, convidado para ajudar a realizar o evento. O clima era muito excitante, mas o que dizer para uma reunião tão majestosa não me deixou dormir naquela noite.

Duas coisas estavam claras para mim: o que eu ia dizer teria que representar fielmente a minha própria tradição católica cristã, *e* eu tinha que ser compreendido por todas as outras tradições. Isso significava que eu tinha que falar do coração da minha própria tradição para o coração de todas as outras. O coração da tradição cristã é nitidamente fé na Santíssima Trindade – Deus como Pai, Filho e Espírito Santo. Como eu poderia esperar ser compreendido por irmãs e irmãos de outras tradições falando sobre o núcleo da fé cristã? Eles poderiam encontrar uma via de acesso a ela? Sendo esse o caso, como? Então, a pergunta que me manteve acordado naquela noite ficou mais claramente definida. A compreensão mútua no diálogo entre as fés era possível quando se tratava das crenças mais distintas de tradições espirituais díspares?

Essa questão era ao mesmo tempo perturbadora e essencial. Revirando-a várias vezes na minha cabeça naquela noite, duas frases começaram a sobressair: "diálogo entre as *fés*" e "*crenças* distintas". Compartilhamos a fé, mas as crenças atrapalham o nosso compartilhamento mais profundo. O nosso coração entende o gesto interior que todos os outros corações humanos fazem com fé, pois a fé é uma coisa só. Mas há muitas crenças, e o nosso intelecto combate diferenças que parecem insuperáveis. A fé nos une, as crenças nos dividem. Assim, eu tinha que ir mais fundo e perguntar: qual é a relação entre fé e crenças – entre a *minha* fé e as *minhas* crenças? A resposta era fácil: as minhas crenças são a expressão da minha fé. Quando comecei a entender isso, a minha abordagem básica ficou clara. Encontrar o ponto inicial para a compreensão mútua, eu tinha que ir além das crenças que nos dividem e recorrer à fé que nos une.

Mas o que é essa fé universal antes de se manifestar em crenças? Como nós a vivemos? Ao ler essas linhas, tente você mesmo responder essa pergunta. Como e em que contexto *você* vive a sua mais profunda confiança na confiabilidade da Vida? A minha resposta surgiu quando me voltei para o maior desafio para a minha fé, a pergunta: existe algum significado? Nos meus momentos mais duros, eu duvido. Somente a confiança corajosa – e essa é a essência da fé mais básica, mais universal – pode superar o obstáculo da dúvida universal. A nossa fé humana universal é a coragem e a confiança que demonstramos através da nossa busca comum de um significado supremo.

A busca desse significado é a nossa base comum. Quando isso ficou claro para mim, compreendi a posição que eu assumiria ao discursar para o Parlamento das Religiões do Mundo: o que temos em comum é a nossa busca de significado, devemos, portanto, explorar juntos o essencial da nossa experiência compartilhada de significado. Uma estrutura clara para a minha abordagem se revelava naturalmente. Seja qual for o ângulo de abordagem, o significado sempre mostra três aspectos básicos: Palavra, Silêncio e Compreensão. Se um deles faltar, não podemos experimentar o significado. Dessa maneira, eu falaria sobre a nossa busca humana de significado a partir dos aspectos da Palavra, do Silêncio e da Compreensão.

A Palavra pode ser o mais conhecido dos três. Sempre que encontramos uma coisa, uma pessoa ou uma situação muito significativa, sentimos que ela nos "fala". Assim, é a Palavra no seu sentido mais amplo – não o tipo de palavra que se encontra no dicionário, mas a palavra, porque transmite significado. Mas cada palavra que merece esse nome vem do silêncio – o coração do silêncio; só assim ela pode falar ao silêncio do coração. (Todo o resto é conversa fiada.) Mesmo assim, nem a palavra nem o silêncio podem produzir o "aha!" do significado; deve haver também a compreensão. A compreensão é um processo dinâmico. Quando ouvimos uma palavra muito profundamente a ponto de permitirmos que ela nos leve ao silêncio de onde vem, a compreensão se dá. O silêncio se torna palavra, e a palavra, através da compreensão, volta para o silêncio.

Os representantes em Chicago apresentaram um espetáculo colorido – das túnicas cor de abóbora dos monges budistas às de cor preta dos monges cristãos orientais; dos chapéus altos dos arquimandritas da Igreja Ortodoxa aos quipás dos rabinos judeus, os turbantes dos siques e os cocares dos índios americanos. Enquanto os meus olhos ficavam maravilhados diante daquela grande variedade, eu sabia que sob aqueles enfeites externos, a mesma busca de significado era a força interior que havia levado todos aqueles buscadores para ali.

Se cada tradição religiosa é uma expressão da busca perene de significado do coração humano, então os três aspectos característicos do significado – Palavra, Silêncio e Compreensão – devem caracterizar cada uma das religiões do mundo. Todos os três estarão presentes em cada tradição, pois são fundamentais para o significado, embora possamos encontrar diferenças de ênfase, e de fato nós as encontramos. Nas religiões primitivas – a australiana, a africana ou a dos nativos americanos, por exemplo – os nossos três aspectos do significado ainda têm a mesma ênfase e estão entrelaçados um no outro no mito, no ritual e na vida reta. Mas à medida que o budismo, o hinduísmo e as tradições ocidentais se afastam da matriz religiosa primitiva, a ênfase numa determinada tradição recairá de forma mais forte na Palavra, no Silêncio ou na Compreensão, mesmo que as três sempre tenham o seu papel em cada tradição.

As minhas conversas com o rabino Joseph Geleberman, com o padre Hans Kung, com o mestre Vilayat Inayat Khan, convenceram-me de que nas tradições ocidentais – o judaísmo, o cristianismo e o islamismo – a Palavra é fundamental, pois Deus é concebido como Aquele que fala. Deus nos fala através de tudo que existe, pois tudo é essencialmente uma palavra de Deus. A Palavra criadora e redentora de Deus nos é mostrada de formas sempre novas. Deus é amor, portanto, Deus não tem mais nada a dizer em toda a eternidade, a não ser "Eu te amo!". Assim como amantes nunca se cansam de expressar o seu amor com presentes, músicas, flores e carícias, Deus repete "Eu te amo" de formas sempre renovadas através de tudo o que existe.

Mas eu percebi que entre os meus professores budistas o Silêncio era tido como tão essencial quanto a Palavra para nós no Ocidente. Em nenhum lugar isso se torna mais óbvio do que no relato do grande sermão sem palavras de Buda. Como pode haver um sermão sem palavras? Buda simplesmente segura uma flor. Somente um dos seus discípulos é capaz de entender, dizem. E como esse discípulo pode provar sem uma palavra que ele foi capaz de entender? Ele sorri, a história nos diz. Buda sorri por sua vez e, no silêncio entre eles, a tradição é transmitida do Buda para o seu primeiro sucessor, o discípulo com o sorriso compreensivo. Desde então, contam-nos que a tradição do budismo é transmitida silenciosamente. Colocando isso mais corretamente, o que é passado – a própria tradição – é o Silêncio. Isso explica a experiência que tive com Eido Roshi. Quando achei que tinha entendido um aspecto do ensinamento zen-budista, verifiquei com ele, expressando a minha percepção da maneira mais clara possível, ele riu e disse: "Perfeitamente correto, mas pena que você tem que colocar isso em palavras!". E quando nas nossas conversas ele era levado a explicar um ponto, ele parava no meio de uma frase e brincava dizendo: "Voltei a falar novamente; estou me tornando cristão".

Swami Satchidananda já havia chegado a Chicago, e eu o vira de relance. Era bastante conhecido como o guru de Woodstock. Ele havia inaugurado o Festival de Woodstock em agosto de 1969, anunciado como "três dias de paz e música", chamando a música de "o som celestial que controla todo o universo". Da minha longa amizade com esse grande professor aprendi que no hinduísmo, não a Palavra nem o Silêncio, mas a Compreensão ocupa o lugar central. "Ioga *é* Compreensão", diz Swami Venkatesananda com profunda percepção do que caracteriza o hinduísmo. Lembre-se do que dissemos sobre a Compreensão, o processo através do qual o Silêncio se torna Palavra, e a Palavra volta para o Silêncio. Isso me deu uma pista para a grande intuição do hinduísmo: "Atman *é* Brahman" – Deus manifesto

(Palavra) é Deus não manifesto (Silêncio) – e "Brahman *é* Atman" – o Não manifesto divino (Silêncio) é o divino manifesto (Palavra). Saber que Palavra é Silêncio e Silêncio é Palavra – distintos sem separação, e inseparáveis, sem que haja confusão – isso é Compreensão. (Evidentemente estou me referindo a uma compreensão existencial que vai infinitamente além do alcance do intelecto.)

Quando, na nossa busca de significado, nos deparamos com uma grande descoberta, em geral exclamamos: "This is it!".[1] Decidi brincar com "this is it!" na minha palestra sobre fé e a busca do homem do significado supremo. A perspectiva cristã se mostra enfatizando a seguinte palavra dessa pequena frase: "*This* is it!". Entusiasmo pela descoberta de que "Deus fala", de que tudo é Palavra de Deus, nos faz exclamar sempre: "*This* is it!", e "*This* is it!" sempre que nos deparamos com outra Palavra que revela significado. Não é assim com o budismo. O budismo se atém ao Silêncio que se torna Palavra numa imensa variedade de palavras. "This is *it*" o budismo exclama; isso, isso e isso, cada uma dessas palavras sempre é *it*, sempre é o Silêncio que se torna palavra. Precisamos do hinduísmo para nos lembrar que o que de fato importa é "this *is* it" – que Palavra *é* Silêncio e Silêncio *é* Palavra – aí reside a verdadeira Compreensão.

Eido Roshi costumava repreender os seus alunos: "Vocês, ocidentais, dizem que querem sub-entender (under-stand), mas o que de fato fazem é *super*-entender. Vocês são como aquelas pessoas que tomam uma ducha com um guarda-chuva para cima". Para entender a água, é preciso se molhar. Falar a respeito da água não o ajudará. Tampouco as palavras sobre compreensão poderão explicá-la. Silêncio, Palavra e Compreensão não podem traduzir umas as outras; devemos respeitar a singularidade da mesma forma que respeitamos a singularidade do budismo, das tradições do Amém e do hinduísmo. As suas respectivas

---

[1] "É isso!". Decidimos manter a frase "This is it!" em inglês, porque a tradução em português não abarca todas as nuances apresentadas pelo autor. (N. T.)

perspectivas se complementam. Ao compreender as outras perspectivas, aprendemos a ampliar a nossa sem perdê-la. As tradições precisam de ajuda umas das outras na busca do sentido.

Mas foi aqui no Parlamento das Religiões do Mundo que uma verdade importante se tornou óbvia: a religião não é somente a *busca* de significado, também é *celebração* de significado. Cada um desses dias gloriosos aqui em Chicago traria novas festividades, novas celebrações manifestando o esplendor de cada tradição. Era uma espécie de festa espiritual esplêndida. A imagem de uma grande dança surgiu na minha mente, e decidi usar essa imagem no meu discurso para o público.

No século IV, os padres gregos da Igreja usavam a imagem de uma ciranda (como quando as crianças dançam, dando as mãos num círculo) nas suas reflexões teológicas sobre o Deus trino: o Filho – o Senhor da Dança – vem do Pai e volta no Espírito Santo para o Pai. Na minha crença cristã em Deus como trino – não um nem três, mas um *como* três e três *como* um – era de fato uma expressão da fé que compartilho com todos os outros seres humanos, mesmo uma crença tão específica como essa na Santíssima Trindade deve estar contida – como semente – na fé humana universal. E de fato na nossa busca de significado, temos consciência de que a Palavra vem do Silêncio e volta através da Compreensão para o Silêncio. Dessa maneira, toda fé é de alguma maneira uma Trindade. A "revelação" que à primeira vista parecia ser única para a minha fé cristã reside no fundo de toda fé, e eu podia ter a esperança de tocar outros homens e outras mulheres de fé ao falar do núcleo trinitário da minha própria tradição. Eu estava determinado agora a fazer isso.

Eu ia falar da busca de significado do homem como uma grande ciranda na qual aqueles que vivem pela Palavra dão as mãos àqueles que mergulham no Silêncio e àqueles cujo caminho é a Compreensão.

Há algo intrigante a respeito da imagem de uma ciranda. Visualize-a por um momento. Se ficarmos fora do círculo, sempre nos parecerá que aqueles que estão mais próximos estão indo numa direção, os que estão mais longe estão indo exatamente na direção oposta. Não há maneira de superar essa ilusão, a não ser entrando no círculo. Assim que nos tornamos um dos membros que dançam, percebemos que todos vão na mesma direção. Quando introduzi essa imagem na minha palestra, percebi que o público captou a ideia. Foi um dos grandes momentos da minha vida – uma experiência extrema, uma experiência de pertença sem limites, um sabor de Agora que não desaparece. Observando aquele público das religiões do mundo, pude praticamente ouvir um AMÉM emergindo de muitos corações.

Deus é fidelidade no coração de todas as coisas, fé é a nossa resposta para essa fidelidade, e a expressão dessa fé de uma só palavra é AMÉM. Do âmago do nosso ser (o Cristo em nós) dizemos AMÉM para a Fidelidade (para Deus não manifesto), e dizer AMÉM é fé na ação (a ação do Espírito Santo). Dessa maneira, a palavra AMÉM reverbera com harmônicos de Deus como Trindade.

Que mais os dançarinos na grande ciranda cantam? "Amém, Amém – e cantam novamente – Amém!"

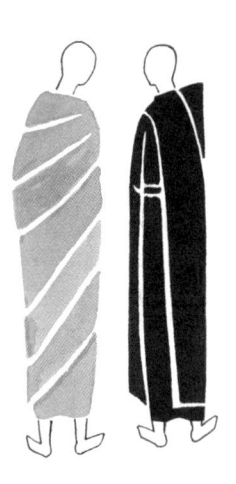

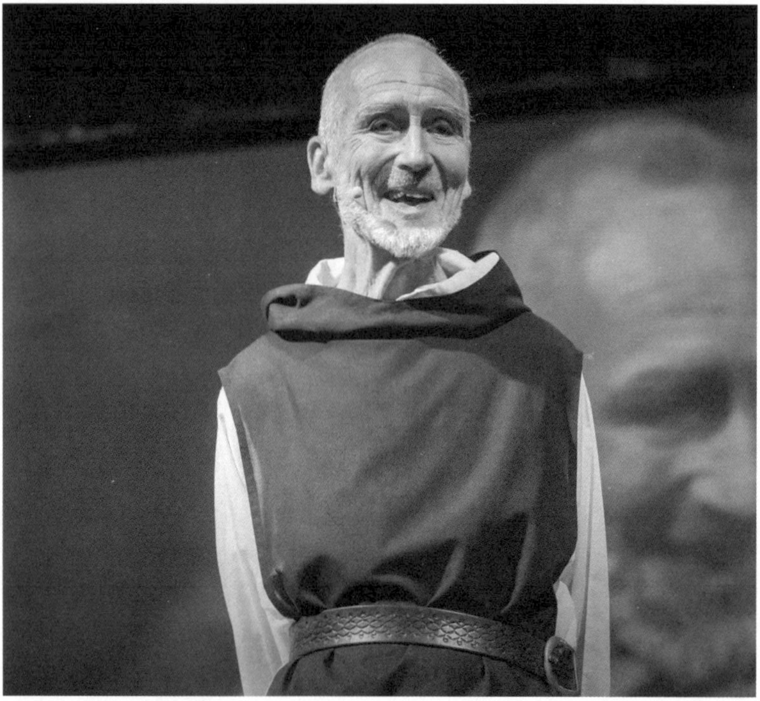

SOBRE O AUTOR

O IRMÃO DAVID STEINDL-RAST é um dos professores espirituais mais conhecidos no mundo. Nasceu na Áustria em 1926 e foi para os Estados Unidos depois de concluir o seu PhD em Psicologia pela Universidade de Viena. Como membro da Ordem Beneditina dos monges católicos, ele é conhecido por seu trabalho pioneiro do diálogo entre as fés, especialmente entre o cristianismo e o budismo, por promover a prática espiritual da gratidão e por seus esforços com intuito de revitalizar a vida da oração contemplativa. Durante décadas o Irmão David dividiu o seu tempo entre períodos de vida de eremita, leitura extensa e viagens de retiro nos cinco continentes. Ele é cofundador de A Network for Grateful Living (www.gratefulness.org), uma organização voltada para a gratidão como influência transformadora para os indivíduos e a sociedade.

Os títulos clássicos do Irmão David – *Gratefulness, the Heart of Prayer* e *A Listening Heart* – foram reimpressos e compilados por mais de duas décadas e traduzidos em várias línguas. Ele também foi coautor de *Belonging to the Universe* (vencedor do American Book Award de 1992), um diálogo sobre o pensamento do novo paradigma na ciência e na teologia com o físico Fritjof Capra, e o seu diálogo com budistas produziu *The Ground We Share: Buddhist and Christian Practice*, escrito com Robert Aitken Roshi. Seus textos foram publicados em *Encyclopedia Americana*, *The New Catholic Encyclopedia*, *New Age Journal*, revista *Parabola*, *The Best Spiritual Writing*. Os livros mais recentes do Irmão David são *The Music of Silence*, escrito com Sharon Lebell, e *Words of Common Sense*. As gravações em áudio e vídeo do Irmão David estão disponíveis em www.gratefulness.org.

CIP-BRASIL. CATALOGAÇÃO-NA-FONTE
SINDICATO NACIONAL DOS EDITORES DE LIVROS, RJ

S837a

Steindl-Rast, David, 1926-
    Além das palavras: vivendo o credo apostólico / Irmão David Steindl-Rast ; tradução Margarita Maria Garcia Lamelo ; prefácio de Sua Santidade o Dalai Lama. - 1. ed. - São Paulo : É Realizações, 2014.
    208 p. : il. ; 21cm.

Tradução de: Deeper than words: living the apostles' creed
ISBN 978-85-8033-179-0

1. Espiritualidade. 2. Cristianismo e outras religiões. 3. Felicidade - Aspectos religiosos - Cristianismo. I. Dalai-Lama, 1935-. II. Título.

14-16808
CDD: 248
CDU: 2-584

13/10/2014   13/10/2014

Este livro foi impresso pela Edições Loyola para É Realizações, em outubro de 2014. Os tipos usados são da família Adobe Garamond. O papel do miolo é off white norbrite 66g, e o da capa, cartão supremo 250g.